生命軌迹

13個助人自助的成長關鍵

區祥江 著

生命軌迹 —— 13個助人自助的成長關鍵（增訂版）
作者／區祥江
總編輯／馬鎮梅
責任編輯／伍詠慈
美術設計／劉碧雲
出版發行／突破出版社
香港沙田亞公角山路33號突破青年村
電話：2632 0000　傳真：2632 0388
電郵：breakthrough@breakthrough.org.hk
網址：http://www.breakthrough.org.hk
http://www.btproduct.com
承印／陽光（彩美）印刷有限公司
2000年9月初版1刷
2007年2月初版7刷
2008年4月2版1刷
2019年6月2版7刷

Track of Life —— Thirteen Keys to Grow
by Raymond Au
First Printing, First Edition, September 2000
Seventh Printing, First Edition, February 2007
First Printing, Second Edition, April 2008
Seventh Printing, Second Edition, June 2019

Printed in Hong Kong
ISBN 978-962-8913-99-2

誠邀閣下就突破出版社的書籍發表意見

歡迎加入突破書籍 Facebook page — http://www.facebook.com/btbooks.page

本書採用環保油墨印刷

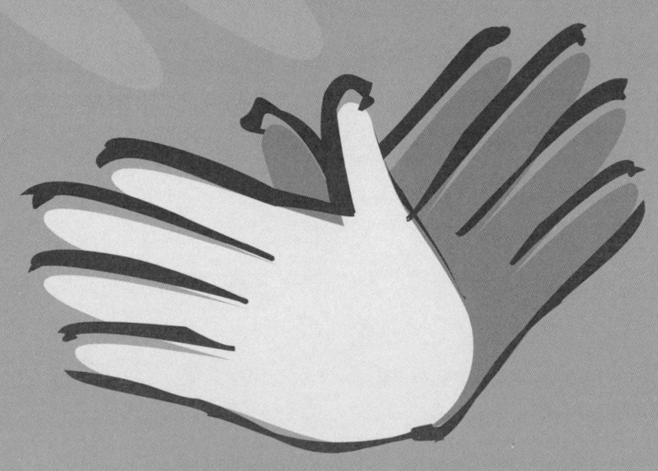

栽培新一代

年輕的心 驛動卻美麗

認識 貼近

關愛 同行

建造新一代更動人的生命

目錄

增訂版序

生命本身是一個探索式的通識旅程，有歷史的回顧與前瞻，有面對周圍種種的挑戰與機遇，需要自我反思與作出回應。

祥江集多年心理學與輔導的經驗，寫出《生命軌迹》，一本真正令人成長的「關鍵書」，難怪獲列入通識教育課程的教師參考書目。

通識教育重視的各個方面，與《生命軌迹》不謀而合：

1. 透過生命故事的各人自白，提供多元視野；
2. 鼓勵讀者自我探索生命的成長經驗，反省對環境的反應，尋求突破，是自我探究式的學習旅程；
3. 反思生命的成長與挫折，重新檢視自己固有的看法，甚至提出質詢及否定，重新建立較正確的人生觀，豈不是批判思考和核心價值？
4. 生命需要有承擔感、有身分確認、有使命感，對自己和別人都要盡責任，這源於價值判斷與價值的建立。

因此，《生命軌迹》是非常切合通識精神的一本書。

此書自 2000 年初版，十分受青年人和老師家長等歡迎，已七度重印，如今 2008 年的增訂，內容較初版增加了三分之一，結構如下：

1. 進入時間隧道，觸摸自己過去的創傷和未解的結，肯定現在，展望將來；

2. 反思外在和心靈空間的挑戰，離開心靈安舒區，擴闊視野，多方閱讀；

3. 新的增訂內容是：自我內在的知情意——怎樣克服負面思想、醒覺自己受外在環境刺激的情緒、建立意志力和抗逆能力。

本書主要以個人為出發點，尚未包括一代人的集體性格，也缺乏歷史時空所帶來的集體創傷與希望，期待日後能加以發展及補充。

認識祥江多年，其間共事十多年，十分欣賞他的真摯筆觸和多元智能。相信他的作品，一定會對細心閱讀的朋友帶來生命的突破。

梁永泰

突破機構總幹事

2008 年

增訂版自序

《生命軌迹》一書自 2000 年初版面世後，一直是暢銷書，已付印了七次。聽聞一些成長課程及成長小組用此書作為課本，喜見有不少人關注自我成長這課題。

七年過去了，再翻閱這本書，覺得仍有不足的地方。在成長的向度上，除了「時間隧道」和「關係網」之外，應該有一個更基本的向度，就是一個人的個性結構，這些基本元素也是助人成長的入手點。筆者就以「知情意」三個個人基本元素，增加了另外三個成長契機，使整個成長向度更完整。

情緒能健康地流露、負面思想得到校正，以及意志力的鍛煉，讓他們的知情意得到平衡整全的發展，都是年輕人成長的重要課題。但願這些課題的增添，能有效地打開年輕人成長的心窗，使他們茁壯成長。

區祥江

2008 年

初版序

一口氣讀完了《生命軌迹》一書，彷彿重新經歷了一次自己成長的巡禮。心靈旅途上湧現出許多片段，當然亦少不了一張張不同的面孔，帶來各種感受與回憶。相信這正是本書作者的目的，希望讀者不單在頭腦上認知，而且能深入檢視、整合自己的成長經驗，以致能在後來者的成長旅途上，扶他一把。

環顧坊間，有關個人成長的著作不算少，但大多集中討論成長的部分獨立課題，較少以整全角度去闡釋整個人的成長。本書作者突破了前人的局限，以廣闊的心理輔導理論為骨幹，輔以受助者和自己的成長經驗為血肉，寫成此書，實在是理論與實踐相結合的佳作。

本書內容以成長的時間隧道和關係網絡兩個重點，引申為十個成長契機，為讀者提供一個簡單而實用的架構，去了解成長的各個範疇。在一些容易出現障礙的地方，筆者藉着簡易的個人習作，引導讀者自我反省，將障礙轉為契機。全書基本上是以助人者（如社工、教牧人員、輔導員、教師等）為對象，但鋪陳與筆觸，都能深入淺出，避免不必要的艱澀術語，故不論助人及自助都甚為適合。

認識區祥江先生已十多年，深覺此書實為他多年來成長學習的結晶，相信必成為讀者的祝福。

李兆康

突破機構前副總幹事

2000 年

初版自序

毛蟲先生問愛麗斯：「你是誰？」

愛麗斯羞怯的回答：「先生，你指『現在』的我是誰嗎？我真不曉得。」

她接着說：「我至少知道今早起牀時的我是誰，但至今我一定已經轉變了無數次呢！」

Lewis Carroll《愛麗斯夢遊仙境》

若你問我，輔導員的主要工作是什麼，我會毫不猶豫地說：「助人成長。」我巴不得眼前的年輕人，能像愛麗斯般不斷轉變成長。但經驗告訴我，成長是一個漫長的過程，路途中有不少障礙，障礙會令人停滯不前；能掌握年輕人成長的契機，幫助他們如蓓蕾般開展，是一件既艱難又充滿挑戰的事情。

從事輔導工作十多年，在容易耗盡心力的工作中，我仍然有力量繼續走下去，正是因為看見年輕人成長帶給我的喜樂。願意你也能分享這份喜樂。

本書整理出來的成長契機，是我研究和經驗的融合。希望你能一邊閱讀本書，一邊回顧及反省自己的成長經驗，參與一場生命的交流和對話，或許你也有一些心得，可以與我分享呢！

神學家 Lewis Smedes 在一篇關於寫作的文章中說得好：「作家可以分作

兩類：聰明的和愚蠢的。聰明的作家寫他們所認識的；愚蠢的是為了認識而寫作。」他說自己是屬於愚蠢的；而我也不例外。

提筆前，是千斤的重，但 Smedes 的說話給我很大鼓勵——我是在進入一個探索成長契機的過程。你也有興趣與我同行，一同發現，一同成長嗎？

區祥江

2000 年

1. 大自然的成長啟示

大自然是充滿生機的。成長的現象俯拾即是，給我們不少對成長的靈感和領會。

1.1 毛蟲

毛蟲蛻變成翩翩飛舞的蝴蝶，是最浪漫的例子。一條最初並不起眼，甚至看來醜陋的毛蟲，在吸收足夠的養料之後，會為自己張起一個「帳幕」；在暗處脱胎換骨，搖身一變成為耀人眼目、姿態美麗的蝴蝶。

從蛻變的過程，我們體會到，**成長是一個內化的過程：將內在隱藏的東西或潛質，經過一個不為人察覺的過程，展現出來。**從外表看來，這過程有如冬眠，內裏其實是繁忙的、不斷重整的。我們千萬別輕看身邊看似不長進、無所事事的年輕人，他們的成長也需要經過類似的過程；我們要對他們有多點信心，讓他們有機會吸收足夠的養分，有朝一日，他們會迸發出生命的光彩。

1.2 土壤

還記得小學的日子嗎？老師派了一粒粒綠豆或黃豆給我們帶回家，放在一個堆滿沾濕了的棉花的罐子裏。我們每天給它們澆水、放在陽光下，看着它們成長。還記得當時的快慰嗎？中學上生物課時，我們更仔細的研究光合作用，知道了植物需要什麼礦物質、多少的陽光和水分，才能夠均衡成長。我們也許還沒有忘記，因為澆灌不足、陽光不足，使發了芽的枝葉變得修長瘦弱吧？

若果以植物的長成來比喻年輕人的成長，我們要問，年輕人需要吸收什麼養分呢？他們需要溫室的保護，還是要在風雨下成長呢？在成長過程中，若缺乏了某種養分，諸如父母親的愛和肯定，日後可以補償嗎？有什麼是不可或缺的呢？

耶穌在《聖經》裏說了一個撒種的比喻，讓我們了解「成長土壤」的重要性：種子生長的環境，是在淺土、荊棘叢中、好土，還是路邊呢？有些關心子女的父母，千方百計營造一片他們心目中的「好土」給子女，可是有時卻弄巧反拙；有些父母因為種種原因，沒有盡責任，讓子女落在荊棘叢中掙扎求存。有些年輕人抱怨自己的成長背景充滿障礙，似乎是早已注定（given），他們要比別人花更多的努力，才獲得成功。但我們仍然相信，逆境會叫人堅毅起來；溫室雖然看似好土，但其中的種子卻經不起考驗。**我們每個人雖不能改變那既定或既有的背景（what is given），但卻可以改變對「既有」的看法。**這些是祝福？還是咒詛呢？我相信：只有祝福，沒有咒詛。

1.3 蓓蕾

第三個大自然的比喻，是蓓蕾待放的過程。花瓣慢慢展開，給人一種期盼：想像着它盛放的時候會是怎樣美麗。事實上，我覺得不同程度的展開，都是美麗和可愛的。無論是含苞待放、半開半合、還是盛放，都各有可觀之處。展開的過程，讓我們聯想到人的潛質。不少科學家都慨歎，**人類只用上他們潛質的**

百分之四至十，每個人的潛質都有待發揮。我們不期然會問：是什麼阻礙了一個人充分發揮上天所賜的各樣潛質？

心理學家 Howard Gardner 說，人有多元智能（multiple intelligence），可惜我們卻沒有將這些潛質發揮出來。

2. 成長的障礙

阻礙我們成長的因素很多，常見的有以下四種：

2.1 將自己困於狹小的框框

自我形象偏低，是很多人面對的問題。某程度上，我們是自己思想的產物（We are who we think we are）。不少人都未能接納、愛和欣賞自己；**我們要有健康的自我形象，覺得自己內在是有潛質的，才會叫自己在成長的階梯上更上一層。**

2.2 將自己放於固有不變的框框

一位輔導業的前輩說，她最怕聽到年輕人說：「我就是這樣。」言下之意，我不會改變的了，你休想改變我。**這類年輕人在成長的過程中，多數被身邊的重要人物貼上不少標籤，而他們又照單全收——既然父母都是這樣看我，我就是這樣的了。**

2.3 不願離開安全區

人文心理學家 A. Maslow 形容，一個人成長時，內心會有兩股拉力，如下所示：

這兩股拉力，一方傾向停留在安全區（comfort zone），害怕離開熟悉的地方；另一方傾向自我實現，希望自我得以成長、完善。**只有看到安全區的壞處、成長的喜悅，才願意離開，邁向成長。**

2.4 懼怕成長

成長帶來轉變，轉變帶有未知之數，和不明朗的前景，不少人就是懼怕這不可知而裹足不前。

另外，不想長大也是成長的一個心理障礙。成長會帶來責任，所以不少成年人會打趣說，如果時光能倒流，再做回小孩子，可以一直倚賴別人，無憂無慮便好。

3. 停滯不前怎麼辦？

成長既然有這麼多障礙，我想你身邊也有不少年輕人，在成長路上停滯不前吧？著名心理學家Harold Bloomfield在一篇名為Getting Unstuck的文章中，給我們一些原則作為指引：

1. 給自己一張成長許可證；
2. 視成長為一個過程，而不是一個終點站；
3. 察覺個人對成長的恐懼；
4. 為自己定下可達的目標，學習享受每一小進步的喜樂；
5. 除去干擾成長的事物；
6. 尋找一些成長契機。

尋找成長契機，是這本書的主題。在尚未簡介這成長藍圖之前，讓我們先問一個十分基本的問題：**如何判斷一個人的成長？**這是一個不容易回答的問題。身體的成長，可以用高度、重量來衡量；心理的成長卻不容易量度。幸好有一些專門研究成長的心理學家，諸如 Carl Rogers 和 A. Maslow，為我們定下一些**成長的指標**，摘錄如下：

1. 從戴面具、假裝、保護自己，邁向真我自然的流露；
2. 不以取悅人為人生目標；
3. 自我主導，為自己人生作的決定，充滿自豪和自信；
4. 對人生經歷更開放，外在及內心世界得到協調，能忍受人生中那些含糊和灰色的地帶；
5. 享受成長過程中的樂趣，看自己是有待實現的過程，不是完成了的產品（finished product）；
6. 能欣賞別人，與人建立親密的關係；
7. 有人生目標，看重解決面前的問題，多於一己的成敗得失；
8. 欣賞生命，對人生體驗充滿讚歎、快樂；
9. 在生活的態度和行事上充滿創意；
10. 有一套價值系統和生活哲學。

成長的藍圖

在本書中，我綜合了十三項助人成長的契機。但在逐一詳細討論之前，先讓大家鳥瞰成長的藍圖。

我們的成長歷程，總離不開三條軌道，就是時間的隧道、關係的網絡以及自我知情意的成熟——我們在時間的進程中，與不同的人交接，以及自我的轉化下成長。

1. 時間隧道中的我

有人認為，人類與動物之別，在於我們對死亡的醒覺，知道死亡是終結，人處於時間的開始和結束之間。**動物活在此時此刻，人卻在自己的時間隧道中，不斷往返。**

透過回憶，我們接連過去與現在；透過期待和意志的想像，我們能接觸「將來」，這都是我們自我身分的基礎。童年至今，外在環境雖然變化萬千，但昨日、今日，甚至將來的，都是同一個我。

一個人是否成熟，其中一個指標是他能否把生命中的過去、現在和將來，整合成一個整體，而不會單單受當時的轉變所影響。這也是我第一幅藍圖的重點所在。

要在時光隧道，達到成長和自我整合，至少有四項成長契機，需要把握和面對。

1.1 面對過去

（1） **講故事與成長：透過回憶和訴説自己的故事**，為過去繪畫一幅完整的圖畫。

（2） **清理未了結的帳**：成長中總會有一些未了結的帳（unfinished business），這通常涉及自己陰暗的一面。**這些陰暗的過去，若得到處理，我們的「真我」會更自由地表現出來。**

1.2 面對現在

（3） **掌握發展任務：每個人在不同年紀和階段，都要學習和掌握一些有待發展的任務（developmental tasks）。**每一個新時代的發展任務都受着環境劇變的影響，而產生一些新的特性，有時候需要自己摸索，前人的經驗未必完全適用。

1.3 面對將來

（4） **從過渡期中成長**：從過去、現在到將來，我們有無數的過渡期。**在過渡期中，我們要學會放手（let go），向前一個階段説再見。**讓「將來」慢慢與現在連上，然後兩者又會成為過去。我們在這些循環中，不斷更新自己，面對「新的」過去、「新的」現在和「新的」將來。

成長契機的前四項，就是要掌握在這時光隧道中行走的祕訣。

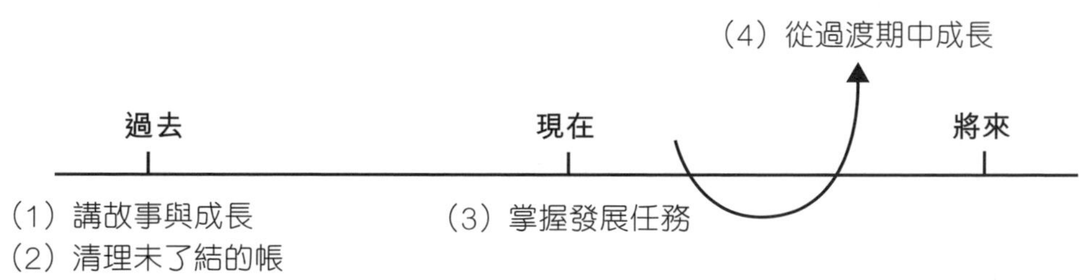

圖一 成長的藍圖：時間隧道

2. 關係網中的自我

John Donne 有一句名言：「沒有人是荒島。」每個人都活在不同的關係網中。

若初生嬰兒與人缺乏肌膚和感情的接觸，很容易會夭折。不過，**如果人活在人羣中而缺乏個人獨處的空間，便會失去自我和感到空虛。人在自己的關係網中，要不斷努力協調。**自我在這關係網中，有三種不同的交流關係：包括人與環境、人與他人、和人與自己。自我與這三重關係的錯綜複雜，哲學家、社會學家、心理學家等都有他們的觀點和看法，本書不詳論。

每種關係都包含着兩項成長契機，我們可以在不同的關係中，找到成長的機會。

2.1 人與環境

（5） **踏出安舒區：環境可以説是我們有待征服的對象**，透過離開自己感到安舒的地帶，掙脱限制，擴展自己。

（6） **閱讀、生活體驗與成長**：一隻井底之蛙很難在今日資訊爆炸的年代生存。**環境是我們支取成長養料的地方**，但什麼是有助我們成長的養料呢？我們會否吸收了太多廢氣，吃進太多「垃圾食物」呢？

2.2 人與他人

（7） **從無條件的接納到自我接納**：成長路上，**重要人物（significant others）的接納和肯定，是自我確立的基礎。**這基礎確立了，年輕人就可以從渴求他人的肯定中釋放出來，認識並接納自己的強弱和得失。

（8） **從羣體中區分出來**：成長路上的朋輩、長輩或導師，都是我們學習的對象。但學「像」別人，並不算是真我。**我們要了解自己的獨特之處，從眾多人際關係中自我分別出來（self-differentiation）。**

2.3 人與自己

（9） **認識多方面的我**：「我是誰？」是一個我們一生都不斷自問的問題。或許不應該問「我是誰？」而要問「這個我是誰？」或許你會經常掛在口邊：「我裏面的這個我認為怎樣，那個我認為怎樣。」**你認識自己的多面目化嗎？**了解自己，是一項相當艱巨的任務，你具備這種自我察覺（self-awareness）的能力嗎？

（10）**整合兩極的我**：我們與自己的關係，不單是多個「我」（multiple selves）的關係，有時更會感受到內心多個「我」在互相對抗，是善與惡、愛與恨、高尚與低劣之間的不斷爭鬥。**能夠整合這些內心的衝突，是其中一個標誌人成熟的高峰。**

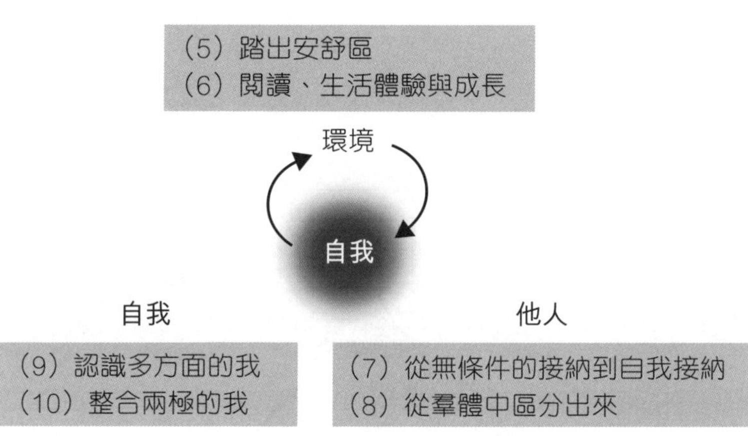

圖二 成長的藍圖：關係網絡

3. 知情意成熟的自我

除了時間隧道以及關係網中的自我外，最基本的成長進路，就是在自我的結構中不斷成長。

不同的心理學家對自我的結構都有不同的理論，例如 Sigmund Freud 的

「人格基本結構」,「維基百科」有以下簡單的描寫:

「**Sigmund Freud 認為人格或人的精神主要分成三個基本部分,即本我(id)、自我(ego)和超我(superego)。**他把人的動機歸納為餓、渴、睡、性等,其中性慾佔主導地位(本我)。不過本我往往受到道德、社會法規等現實條件的制約(超我),受到壓抑得不到紓解的本我衝動會透過夢或其他形式來尋求滿足。 Sigmund Freud 相信如果一個人曾經因一些創傷性事件引致心理有問題,只要他能夠知覺地將事件重演一次,並將本我、自我和超我作平衡的處理,那麼問題就會解決。」

著名的家庭治療大師 Virginia Satir,有「冰山一角」的自我結構(見圖三)。

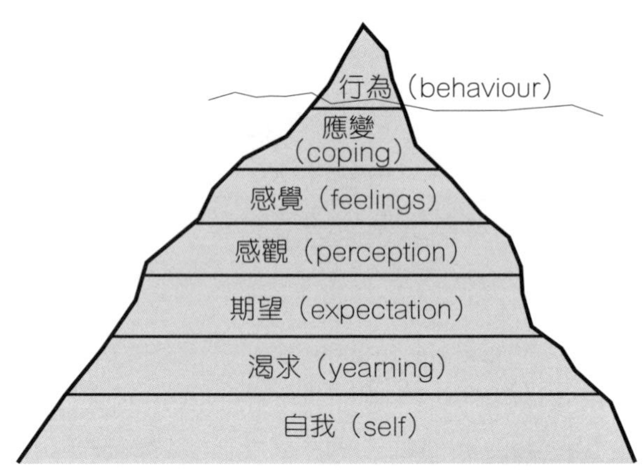

圖三「冰山一角」的自我結構

資料來源:Satir, V., Banmen, J., Gerber, J., & Gomori, M.(1991). *The Satir Model: Family Therapy and Beyond.* Palo Alto, Calif: Science and Behavior Books.

Satir 的自我結構層次十分豐富，**但作為助人的進路，我認為中國人簡單的說法「知、情、意」，即思想、情感和意志三者的區分最實用。**三者背後都有一些輔導模式作基礎。例如情緒方面，近年流行的情緒焦點 / 取向治療（Emotionally-focused Therapy）在了解和改善情緒表達上有不少新貢獻；至於思想，多年來認知治療（Cognitive Therapy）也建立了一套幫助人驅除負面扭曲思想的方法，成效顯著。最為人忽略的倒是意志層面的問題。這也是年輕人成長時最脆弱的一環，他們缺乏意志力去克服四方八面的引誘，也沒有恆心達成個人目標。幫助人增強意志力，似乎是十分逼切的課題。

筆者就以認知、情緒和意志這三方面，作為自我成熟的切入點。

3.1 知

（11） **負面思想的校正**：原來我們每時每刻都跟自己對話（self-talk），然而當中有不少是負面和扭曲的思想，可能源自成長中一些不愉快經歷。**我們若能驅除這些負面和扭曲的思想，心靈就會更自由釋放。**

3.2 情

（12） **情緒健康的流露**：一個人能敏感及描述自己的情緒、不壓抑，**勇於流露與情境相符的情緒，是成熟和健康的表現。**助人者的角色就像一個情緒教練，引導人探索自己的情感世界。

3.3 意

(13)　**意志力的鍛煉**：意志力可以説是自我基本的結構，是自我的中心；它是我們原動力和創意所在，沒有它的許可，沒有什麼思想或情緒能凌駕我們。**建立堅強的意志力，是一個人成功及有所建樹的基石。**幫助年輕人鍛煉好意志力的「肌肉」，是當前的急務。

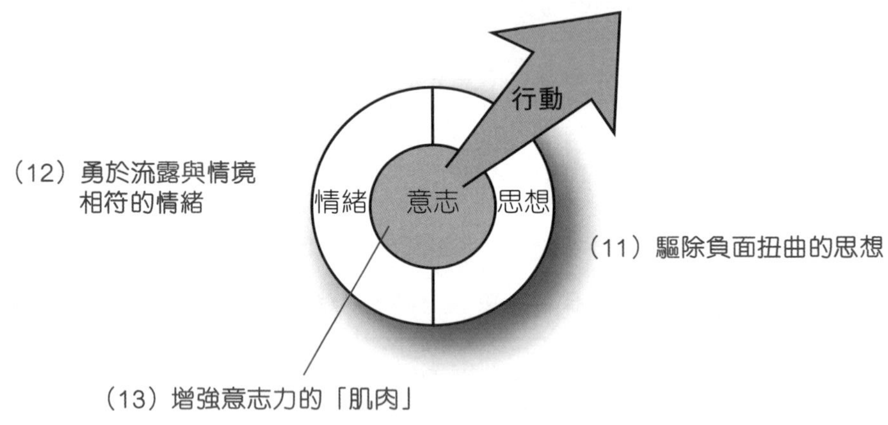

圖四 成長的藍圖：自我的完善

4. 成長路上任縱橫

若我們將這三條成長的軌迹整合起來，我認為應該以「自我」為主體，我們是帶着「知情意」，在「關係網」中去接觸，包括去認知、感受和立定志向；

同時，在「時光隧道」中往返，這個「自我」也透過認知和感受自己的過去、現況及對將來的期盼。這種種經歷都在「自我」內整合、深化和成長。

所以，若以**「時光隧道」為縱線，「關係網」為橫線，「自我」就是主體**。這三條成長的軌迹，可以「任我縱橫」來形容。「任我」是代表內在的一種自由的感覺，**一個快樂成長的人，內心應該有一種自由釋放的感覺，不被過去或人際包袱所困。**

事實上，**三個向度是整全和互相緊扣在一起的**，就以踏出自己的安舒區為例，這是居於關係網中，自我與環境的範疇。但一個人能夠成功踏出安舒區，與他的知情意和時間隧道密切相關。一個人懼怕踏出安舒區，可能是「遇過」一些失敗經驗，留下挫敗感，這挫敗感令他對自己有一種負面的看法。他要先處理在時間隧道上「過去」的「情緒」（挫敗感）和對自己的認知（負面的看法）。

踏出去的當下，每個人都會有恐懼（情緒），他要接受自己這種狀態（自己與自己的關係），知道此時此刻（時光隧道中的「現在」）的恐懼是因要向前邁進，也是成長中必會有的感受。當然，透過正面的自我對話（認知的進路），我們便勇敢踏出去。踏出去也是與時間隧道的「將來」有關，要為自己的成長目標努力，也需要運用自己的「意志力」和別人的鼓勵，讓自己產生踏出去的動力。

所以，三個向度是相互緊扣及互相增益的。我們可以用以下圖像表達：

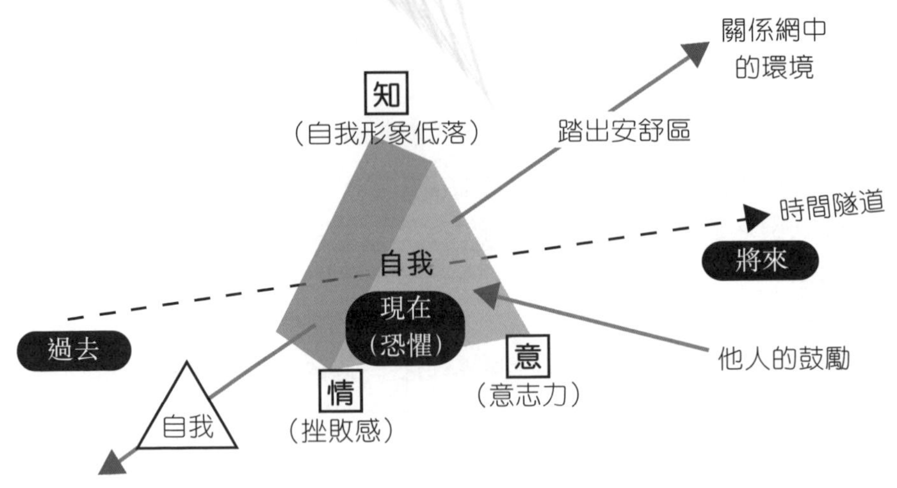

圖五 成長路上任縱橫：踏出安舒區

5. 如何使用本書

我們看過成長的三幅藍圖，接着就開始逐一與你分享成長的契機。為了使大家更能掌握，在探討過十三個契機後，會分享一個詳盡的真實故事，以分析這些契機，如何在一個真實的生命中呈現出來。

每章除分析及闡述契機背後的心理動力和理論外，還有以下各節：

成長故事：一個有關該項成長契機的故事；

個人成長習作：個人如何應用這項契機；

助人成長提示：如何運用這項契機幫助身邊的年輕人成長；

本章參考書目：進深研究的相關書目。

時間隧道中的我

1　過去：講故事與成長

2　過去：清理未了結的帳

3　現在：人生階段的掌握

4　將來：過渡期與成長

1

過去：

講故事與成長

我要告訴你一些關於故事的事情：
故事並不只是消閒的東西。
不要被愚弄，
他們是我們所要的，你看，
我們都要驅散疾病與死亡，
你什麼都沒有——
假若你沒有故事。

Leslie Marmon Silko, *Ceremony*

故事中跨越障礙（Mary）

我剛從成長小組回來，心中感到釋放和舒暢。原來小組有人聆聽自己的故事、認同和肯定自己的經驗，是這樣開心的。

回想過去，我是一個內向和不善表達的人，很多心事都埋藏在心裏，很少與其他人分享，怕別人不接納自己。

今次成長小組分享的課題，是自己在不同人生階段中的重要事件。分享之前，組員有一段安靜反省的時間。回想時，一幕幕往事前塵浮現眼前。我用心去回顧，也將每階段的成長主題，用圖畫繪畫出來。

不相干的往事

這次回想，竟然有一些似乎不相干的往事浮現出來。童年時，哥哥愛玩耍，學業成績自然不理想。爸爸是個脾氣暴躁的人；在哥哥的反叛期，父子之間經常因學業問題，弄得不愉快。有一次，爸爸一怒之下，竟然用棍重重責打哥哥；我雖然沒有被牽連，但看見哥哥被打，內心十分恐懼。到了今天，我才明白自己為什麼這樣害怕讀書。大專畢業，我找到一份穩定的工作，但一直抗拒讀書進修，每次要交功課和考試，我都有一份莫名的緊張和恐懼。縱然成績都不錯，我仍然不快樂。如今想起這件事情，我才明白，原來自己怕像哥哥一樣被責打。那份無形的緊張，是我目睹哥哥被罰而留下來的陰影。

今天，我鼓起勇氣，把安靜反省時浮現出來的感受，向小組組員講述。他們十分留心地聆聽，更給我不少鼓勵。有些組員說，我在人生中有不少突破；有些則蠻有共鳴，說我的恐懼是可以理解的。給我最大驚喜的，是組長的回應。他回應時，也分享自己的故事。原來他的成長背景，與我十分相似；他明白我面對考試時呼吸困難的原因，原來他也遇過這種情況，所以能認同我。他的分享給我很大的安慰和盼望，我想，或許我也可以像他一樣，跨越這成長的障礙。這是我意想不到的收穫。

「放得下」

我最近報讀了一個課程，將要面對考試。但這次心中那份無形的恐懼，好像減退了很多。當我認識了自己恐懼的來源，便能用言語描繪這份感覺；本來莫名其妙的事，現可得到一個明確的答案。如今疑團離我遠去，那份恐懼也隨之消失。

我相信考試仍會給我壓力。但我已經知道怎樣去面對，我不再將成敗得失和價值建立在考試的分數上。現在，我可算是「放得下」了。

我對自己的故事，先有一個理解，然後將這些理解和洞見，跟一些我信任的人分享，他們的回應和鼓勵，轉化為我成長的動力。我多麼希望這次小組的體驗，可以與我的好朋友分享。或許，他們也可以將自己的故事告訴我。能夠經歷到這樣一個過程，十分難得。原來在有人了解和明白的情況下，走人生的道路，變得輕省起來。

只要聆聽的人抱持開放和接納的態度，我不再懼怕向人講述自己的故事。我相信無論是聽或講，都有收穫。生命就是要在彼此交流中，互相滋潤成長。

1. 故事與成長

在現代化的城市生活中，透過講故事來認識一個人的機會愈來愈少。我們被簡化為一張身分證、一個代號。加上人際間的疏離和競爭，向人講述自己的真實故事，是一件相當危險的事情。對於這樣的處境，最經典的名句來自 John Powell：「我害怕告訴你我是誰。因為，假若我告訴你我是誰，你可能不喜歡我，那我就一無所有了。」

這是一個相當可惜的現象。**因為能夠講述自己的故事，是我們成長的契機。**專門研究「自我流露」（self-disclosure）現象的心理學家 Sidney Jourard 有一個結論：「沒有人能認識自己，除非他願意向另一個人講述自己。」

講述自己的故事，為什麼能帶來成長？一個人在講故事的過程中，有什麼元素能幫助他認識自己？聽故事的人，在這過程中到底扮演什麼重要的角色？這些問題，是我們要一同探索的。

2. 講故事的結構分析

在講故事的過程中，我們可以分辨出四個基本元素，包括：講故事的我（I）、故事中的我（即主角，me）、故事本身（story），以及聽故事的人（listener）。如下圖：

圖一 講故事的基本元素

人有別於動物，其中一項特別之處，是人能夠抽離於自身來自我觀察。心理學家稱這個現象為「自我觀察自我」(self-observing ego)。講故事的我(I，英文語法中的主詞）就是故事的作者，故事中的我（me，英文語法中的副詞)，就是這故事的主人翁（protagonist)。而環繞這主角的人物，就是主角的對手（antagonist)，用英文語法中「我的」(my）來分辨：故事中的對手，包括我的朋友、父母、敵人等。而故事本身，就是故事的主角和這些對手的相遇、交接，是在一個特定時空下產生出來的情節。

俗語謂：「聽故事的不要辯駁。」聽故事的人在聆聽時，也扮演着一個重要的角色。他提供一個空間，給講故事的人暢所欲言；在不教講故事的人感到被批評的大前提下，透過提問、回應，甚至自我參照和分享，讓講故事的人對自己的故事和自己，有一個新的看法；**藉講故事經歷「自我觀察自我」的過程，達致自我了解、自我探索和新的發現，甚至引發新的故事。**

所以，一個好的故事聆聽者，會成為故事的合著人（co-author)。身為輔導員，我十分榮幸能參與不少這些生命故事的合著過程；不少時候，故事聆聽者本身的故事，也因此被改寫呢！

3. 故事的特性與成長契機

有一本書的書名，很觸動我：*Every Person's Life is Worth a Novel*（每一個人的生命，都值得為他寫一本小說）。作者 Erving Polster 一開始就指出，大部分人都是最後一位，看到自己生命中的戲劇性。不少人會為其他人生命中的歷奇而感到驚訝，卻不曾檢視自己的生命，未能發現當中無盡的可能性。**若我們細心了解故事的特性，便會發現任何年齡的人都可以很權威地講述自己的故事，我們也可以不時寫下自己的故事。**生活的經驗，就是我們那不斷延展的故事。

研究講故事的特性，最有權威的是心理學家 J. S. Bruner，他指出四種講故事的特性，可以幫助我們探索成長的契機，包括：

（一）次序性（sequentiality）；

（二）非平凡性（departure from the ordinary）；

（三）傳遞個人的主觀性（communicating subjectivity）；

（四）模糊性（ambiguity）。

3.1 次序性

生命中有不少經驗，都停留在我們的意識邊緣，不容易被觸摸，而且容易被忘記。這些點滴經驗，放在我們記憶中不同的角落裏。**當我們將這些經驗，以故事的形式講述出來，經驗的細節便會慢慢浮現，更多和更清晰的資料將會出現。**

每一個故事都有自己的起承轉合，有始有終，有劇情發生的先後次序，有一種「接着是怎樣」（nextness）的動力，將一個人的過去，連接到將來。這種故事的次序性把過去的經驗從「點」轉成為「線」（…… → ——）。故事不單能讓講故事的人明瞭現在（present）的意義，也使他看到這個「現在」的我，與過去及將來的「我」之間的關係。

學習聆聽受助者的故事，是輔導技巧的基本功。其中一個重點，是將零散的資料連結起來（connecting island of information），從受助者於不同時間講述過的、似乎不關連的事情中，細心尋找當中的主題，以及事情的前因後果。

這個過程，在講故事的人和聽故事的人之中，是同時發生的，觀點或有不同，但效果相同——那就是相信原來講故事的人，生命是完整的（coherence）、有方向的、有主題的。**一些以往似乎不大明白的事情，現在從講故事的過程中，慢慢領會當中的意思。**這是一個意義產生的過程（making sense）。

3.2 非平凡性

構成日常生活的，主要是一些平凡的事件，或是一些例行的、理所當然的經驗。但一個講故事的人，往往在平凡的經驗中，抽取一些不平凡的事，作為故事的吸引之處。就算是一件非常平凡的事，講故事的人都有他自己獨特的觀感，與我們稱為常態（norm）的事情有別。

事實上，一個人的自我身分（self identity）就是由無數不平凡的事件所組成。講故事的人，**在講述的過程中不難有一種獨特（unique）的感覺，這也是自我認識的一個窗口**：原來在自己身上，也發生了這些不平凡的事情，令今日

的我變得與別不同。

3.3 傳遞個人的主觀性

故事中不平凡的情節，甚至可以讓我們進入講故事人的內心世界，看到講故事的我如何理解故事中的主角。Bruner 講述這種個人主觀性的傳遞時指出，故事不但讓我們進入故事主角行動的景象（landscape of action），更重要的是他意識的景象（landscape of consciousness）。**故事重要的意義，在於認識講故事人的內心世界、感受、動機和身分。**

講故事者的內心世界，一直引導着這個人如何過生活。不同的心理學家會用不同的字眼，來形容這種主觀的現象，最著名的是人際溝通分析（Transational Analysis）大師 Claude M. Steiner 的 *Scripts People Live*（活出生命劇本）。他發現原來每個人都有一個從幼年經驗流傳下來的「生命劇本」，這些劇本往往來自父母的影響，是不成熟、不由自主的。我們常常按着這個劇本，去演出自己的生命故事。這理論鼓勵人認識自己的劇本，並勇敢地重新修訂、改寫。另一個心理學家 Rollo May 則稱，這個內心世界的故事為「個人的神話」（personal myths）。**講故事的人，若留心自己如何講故事，他的主觀性會讓他認識自己的劇本或個人的神話源出何處，這不單單是一個自我認識的過程，更是一個尋找新的自我身分的基礎。**

3.4 模糊性

Bruner 發現了一個很有趣的現象，**就是講故事的人會有意或無意地，把一些隱含的意義放在故事中，傳遞比字面更豐富的意義。**他不會直接描述事情如何發生，卻在過程中，強迫別人去猜測故事的前設，或自己構想的故事前設。Bruner 舉了一些有關不同模糊性的例子。

（一）　我進了一間商店買報紙，商店裏竟然空無一人。

（前設是商店應該有店員）

（二）　我計劃到商店去……

（句子內容十分開放，聽者可以有不同的猜想）

（三）　我進到一家商店，那簡直是一場噩夢。

（內容有更多的可能性）

故事的模糊性迫使聽故事的人，進入一個積極和主動的過程，尋索故事背後的意義。這也是講故事帶來成長契機的所在。一個講故事的人若沒有聽眾，是相當沒趣的；一個講了自己的故事而得不到回應的人，會感到不滿足和若有所失。**只要有人聆聽，講故事的人已能夠透過自己的故事，了解自己、認識自己生命的劇本，對自己的生命有完整的體會。**但如果有人回應，甚至有人分享自己的生命故事以作對照，講的人可以豐富他的故事。**如果聽故事的人，能從另一個角度給講故事的人一些回應，甚至挑戰故事的劇本，鼓勵講故事的人重寫劇本，他可能會得到更大的成長空間。**

4. 如何聽？如何回應？

要幫助講故事的人成長，聽故事的人要具備聆聽與回應的裝備，這也是輔導技巧的基本功。在本書有限的篇幅裏，我不能逐一介紹這些技巧，只能點出一些重點，以作參考。

在聆聽方面，我們必須知道，一個故事要傳遞的資訊實在很多。**我們要在故事的字裏行間，把不同層次而又豐富的資訊分辨出來。**以下列舉的，是**九種要在聆聽中找出來的資訊。**

1. 事件的描述——時空、人物、事件中的行動和反應；
2. 講述者的主觀性、意圖和身分的表達——這就是「我」；
3. 講述者與聆聽者的關係——「我」選擇了「你」來聽故事；
4. 講述者對周遭世界的了解；
5. 講述者流露出來的感受；
6. 故事背後的道德教訓；
7. 故事的完整性和當中事件的次序；
8. 講述者在故事中如何解決困難，如何作出解釋；
9. 故事本身對講述者的生命意義。

聽故事的人，可以用不同的方式回應。我們可以**接納並肯定他的故事**；可以用開放式的問題向他提問；也可以重述故事的內容，讓他知道我們**用心聽他的故事**，並可藉此引導他繼續探索故事的某些重要部分；我們更可以**給予故事一些新的詮釋角度**，作為講述者的參考。

如果講述者與聆聽者之間，有足夠的信任，我們甚至可以**指出故事矛盾的地方**，讓他們正面面對生命中可能存在的問題。

故事本身也許會勾起聆聽者想起自己的經歷。**聆聽者可以藉着講述自己的故事，讓講述者發現彼此間相同或相異的體會。透過這些對話交流，講述者便得到肯定，感到被了解，甚至獲得進一步探索自己的勇氣。**

個人成長習作

我們相信，若要助人成長，自己必須先經歷成長，否則助人者便如瞎子引路，無法領人前行。以下兩個習作：「生命線」和「歷久猶新」，都是自我回顧的習作。做好之後，嘗試找三兩知己，向他們訴說習作的內容，然後聽取他們的回應，感受一下被聆聽的感受。然後細看自己的故事，有否因應這個過程而作出修正，最後記下這個過程的心得。

習作一：生命線

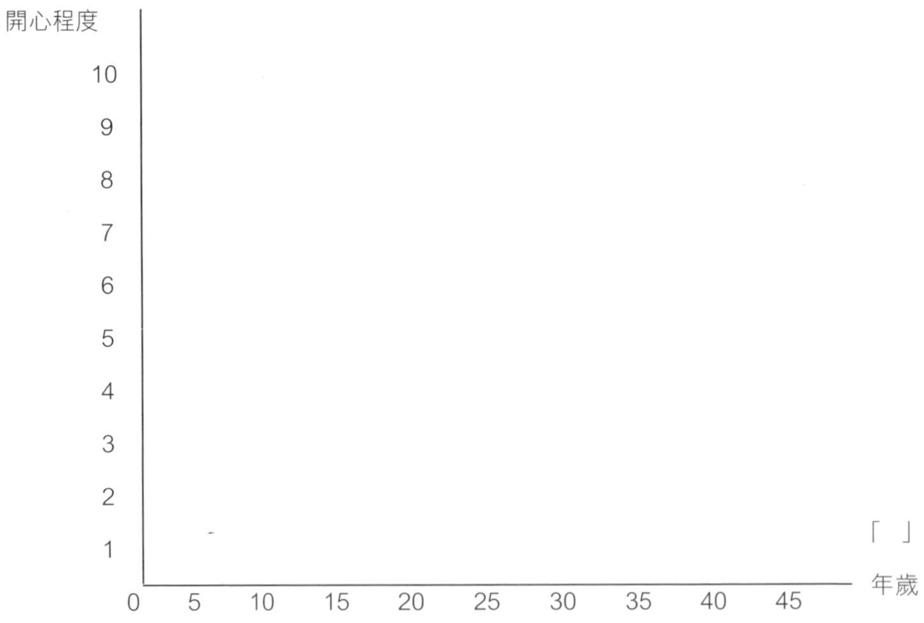

1. 在你現時歲數上，寫下一個↓符號，在符號左邊寫上「過去」及右邊寫上「將來」。

2. 列出過去三件你認為對你現在影響最大的事件，並畫下一個＊符號在生命線上。

(a)

(b)

(c)

3. 展望將來，計劃一下你的人生長路：

(a) 在「　」內寫上你希望活到多少歲。

(b) 寫上你期望完成的三大任務，並在生命線的適當位置上畫一個●符號。（例：在二十五歲一定要結婚）

(i)

(ii)

(iii)

習作二：歷久猶新

年齡	經歷、記憶	人物	地點	當時感受	現在感受	對我今日的影響
0-10						
11-20						
21-30						
31-40						
41-50						
結論						

助人成長提示

1. 多看小説和電影，投入主角的內心世界，以本章提及有關故事傳遞的九個方面，來分析小説或電影主角的內心世界，加強自己聽故事的能力。(請參〈6　閱讀、生活體驗與成長〉)

2. 當朋友找你傾訴心事時，請營造合適的環境，讓對方暢所欲言，專心聆聽，然後嘗試給對方一些回應。最後聽取講故事的朋友回應的意見。

3. 聽別人說故事時，默默推敲以下的問題：他為什麼現在講出這個故事？是回應什麼事件？他想達到什麼目標？處理什麼感受？勾起我一些什麼感受？

本章參考書目

Bruner, J.（1990）. *Acts of Meaning.* London: Harvard University Press.

McLeod, John（1997）. *Narrative and Psychotherapy.* London: Sage Publication.

Parry, Alan, & Doan, Robert E.（1994）. *Narrative Therapy in the Postmodern World.* N. Y.: The Guilford Press.

Polster, Erving（1987）. *Every Person's Life is Worth a Novel.* N. Y.: W. W. Norton & Company.

Steiner, Claude M.（1982）. *Scripts People Live.* N. Y.: Bantam Book.

Sternberg, Robert J.（1998）. *Love is a Story.* N. Y.: Oxford University Press.

Taylor, Daniel（1996）. *The Healing Power of Stories: Creating Yourself through the Stories of Your Life.* N. Y.: Doubleday.

White, Michael, & Epston, David（1990）. *Narrative Means to Therapeutic Ends.* N. Y.: W. W. Norton & Company.

2

過去：
清理未了結的帳

任何人都可以有怒氣——
這是一件容易的事。
但我們的怒氣要對準對象、
程度適當、時間合適、
目的正確、方法合宜——
那就絕對不容易了。

亞里士多德《尼各馬科倫理學》
Aristotle, *Nicomachean Ethics*

清理未了結的帳（Peter）

終於鼓起勇氣約見輔導員。對於我這個二十六歲的大男人，要向人求助，向人表白自己的心事，實在不是一件易事。只是近月來工作上的壓力很大，連睡眠也出現困難，在太太極力鼓勵下，我才願意踏出這一步。

說來奇怪，或許是因為那位輔導員十分有耐性，又樂於聆聽，起初我不知怎樣啟齒的問題，在他的耐心引導下，都能安心剖白。我本來面對的問題是有關工作壓力的。上司要我交出工作建議書，我盡力地做，通宵去趕；誰知他看完之後，在建議書上像塗鴉般的批批改改，令我十分自卑。他最後只簡單地說，給我一星期時間去改寫。

輔導員查問過困擾我的前因後果，便開始探詢我的成長背景。我有點大惑不解，我來是要解決工作壓力的問題，跟我的成長歷史有什麼關係呢？但他既然問及，我也不好意思不回答。

後父 VS 上司

我最不想提及的，是我與後父的關係。但輔導員卻旁敲側擊，要我說出這段不愉快的往事。後父其實是我親生父親的弟弟，也就是我的叔叔。爸爸因為意外而死，後來後父與媽媽怎樣結合，我也不大了了。

記憶中，我年少時是頗貪吃的，有一個外號叫「小胖」。然而後父卻十分吝嗇，每當我要買零食，向他伸手取零用錢，那感覺並不好受。而我最害怕的，是要後父在我的成績表上簽名。我的成績一向都不大好，所以要拿着成績表面見他，就如同面見審判官一樣。他會跟我這樣說：「你的成績這樣差，休想我花錢供你讀大學！中學畢業後，你要找一份工作養活自己。」

記得有一次，我奮發圖強，努力讀書，終於名列前茅；但當我將這張成績表交給後父，想博取他的讚賞時，他竟然一句話也沒說。我當時十分痛心，心想：「我這樣努力，有什麼用處？最終你也不會稱讚我，我還是放棄好了。」

如此這般，輔導員慢慢引導我，將我與後父的關係，和與上司的關係作比較。他向我說：「你面對上司時，就彷如要面對你那位冷冷的、吝嗇的、不願說稱讚說話的後父。難怪你會這樣害怕把建議書交到上司的辦公室，因為這就如要把成績表交給你的後父一樣，那恐懼是可以理解的。」

後來輔導員幫助我分辨，後父與上司其實是兩個截然不同的人。事實上，給我晉升機會的是上司，只是在工作壓力大的時候，我感到有點混亂。輔導員給我打了一個比喻：「你已經是成人，跟上司的關係應該是成人與成人的接觸；但從你叩門進入上司辦公室的心情來看，你卻像一個膽小的孩子。你何不放下小孩子的心情，與上司展開公事公辦的關係呢？」

我感激這輔導員，為我清理了一些陳年往事對我的影響。這些往事，看似過去了，卻原來是未了結的事情。我說過自己的故事後，加深對自己的了解，面對上司的緊張感也慢慢消減。我真沒想過，把這些難以名狀的恐懼說出來，能給我這樣大的釋放。我感謝太太在整個過程中，給我無限的支持。

1. 未了結的帳

每個人都有自己的成長歷史，而成長的歷程，往往不是一帆風順，總會有些不愉快、受傷害的經驗留在我們的生命中，特別是發生在年幼時的事。為求生存，**本能會驅使我們，對這些不愉快的事件作出防衛反應。**

就當時而言，這反應或許是最好的回應方法，但我們長大後，這些方法可能過時，已經派不上用場。可是我們仍慣性地，用過時的方法面對新的處境。**新處境與舊處境或許有相似的地方，但也有相異之處，我們若不仔細考慮，便作出相同反應，可能會帶來不必要的煩惱。**

這些不愉快事件的回憶，若未經重新檢視和校正，我們稱之為未了結的帳（unfinished business）。這個專有名詞，來自「完形治療模式」（Gestalt Approach）。這學派鼓勵人將一些未了結的感受（unresolved feelings），透過角色扮演或心理劇的方式，在輔導過程中即時即場活現出來，藉此幫助受助者尋獲解決。

我借用這名詞，並不是完全按照這學派的理解，而是採取這名詞的廣義含義。事實上，雖然每一個輔導理論，在解決未了結的帳如何影響今天行為反應的入手點或有不同，卻都是不能忽略的課題。以下，我嘗試綜合介紹一下 Sigmund Freud 的一些概念，以及近年 EQ（emotional intelligence，情感智能）理論在大腦神經研究上的突破，目的是幫助我們，重視講述過往不愉快事件的重要。**惟有我們不逃避這些重要的往事，不怕重訪這些不愉快事件，我們才不至重蹈覆轍，將過去不必要的影響帶到現在的生活。**

2. 重複強迫行為和移情作用

對於過去事件如何影響今日的行為，Sigmund Freud 觀察到幾個心理現象，值得一提。

第一個現象是重複強迫行為（repetition-compulsion）。有一些人，在他們的生命中，不斷重複經歷一些難堪、痛苦的處境。他們許多時認為這些人際創傷事件的發生，是由於自己的命運；但他們也許沒有發現，他們本身也是引發這些事件的原因。Sigmund Freud 認為，他們之所以如此，其實是以行為代替語言，重拾遺忘了的記憶（verbal recollection of forgotten memories）。

日常生活中，經歷創傷事件後反復做噩夢，或是人際關係中的移情作用（transference，參下文），也是這種重複強迫行為的例子。**有人以積極和正面的態度面對這些心理現象，認為這是上天賜下的厚恩，讓人有機會重訪、認知，甚至醫治自己的傷痕，清理這些未了結的帳，重新生活。**

另一個現象，是與重複強迫行為關係密切的移情作用。它是指一個人將重要人物過去令他產生的感受、思想和行為，轉移到今時今日的關係中（displacement）。移情作用往往是和愛與恨相關的，有人甚至把它分為負面的移情作用（negative transfer）和正面的移情作用（positive transfer），前者是指那些具攻擊性和憤怒的感受，而後者則指那些友善和親密的感受。

人可以透過接受輔導克服這些移情作用，在輔導過程中，輔導員要指出受助者對身邊的人，甚至對眼前輔導員的感受，並非今日處境所引發，而是過去相類處境的重複而已。輔導員藉此要求受助者將這些重複行為，追溯到自己的記憶去；並將這些自動的（automatic）、無意識的（unconscious）重複，帶進自覺的層面中。

若從另一個角度看，我們會發覺 Sigmund Freud 這兩個概念，就像我們所說的「死穴」。

所謂「死穴」，就是負面的刺激，牽動我們的負面情緒。因為「死穴」存在已久，刺激和反應已緊緊結連一起，有如一部自動化的機器一樣，我們會不分青紅皂白地作出回應。惟有我們了解「死穴」的根源，不斷自我訓練和提高警覺，才能避免遭自己的「死穴」控制。

《EQ》一書提到，大腦原來有一處記憶情緒經驗的地方，叫作巴且杏(amygdala，又譯杏仁核)。它將一些我們過去遇見事情的情緒反應記錄下來，只要一些相類似的事件再發生，它就會越過大腦的理性分析，直接作出反應，就像一個失效警鐘的誤鳴，這正是「死穴」形成的科學根據。作者 Daniel Goleman 在該書中，有很清楚的分析。

3. 情緒神經的棧道

傳統上對情緒產生的腦神經原理是：一個人看到蜘蛛後，視覺信號就傳送到丘腦（thalamus），這信號繼而傳送到視覺大腦皮層（visual cortex）。在這裏，「蜘蛛」這信號便被分析成有意義的信息，讓人作出適當的反應。若這反應是與情緒有關，信號便傳到巴且杏，那人便產生反擊或逃避的反應。

這傳統的看法高舉情緒的理性基礎，以為每一種情緒都經過大腦的分析才作出反應。但紐約大學神經科學專家 Joseph Le Doux 卻發現另一條情緒神經的棧道，透過精確的新科技，他發現有部分原始的信號，是直接從丘腦傳送到巴且杏。這信號走的是捷徑，能更快——但並不準確——引起情緒的反應，大腦也來不及分析。

Daniel Goleman 用了一則自己的故事作說明：

有一天夜半三更，在他睡房的一角，有一物件從屋頂「砰」的一聲跌在地上。說時遲那時快，因為恐怕整個屋頂會塌下來，他已經走出睡房。待一切平靜下來，他才敢走回睡房看個究竟，原來不過是一疊盒子倒塌下來。他從睡房跑離現場的反應，可說是巴且杏的功勞。當時他半夢半醒，大腦還未能掌握當前發生的事；不過，若然屋頂果真塌下，丘腦與巴且杏這條神經棧道便救了他一命，雖然事後他才發現這次只是虛驚一場。

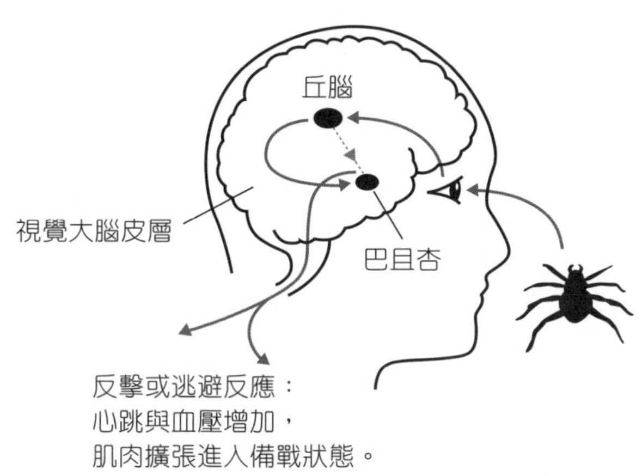

圖一 情緒神經的棧道

4. 情緒記憶庫與創傷經驗重訪

巴且杏還有一項奇妙的功能。我們大腦的記憶能儲藏一些事實（facts），但巴且杏卻能保存這些事實引發出來的情緒。**當受到的刺激愈大（如一些受驚、受創傷的經驗），那些情緒就愈烙印於大腦。當一些與過往經驗相類的情況出現，巴且杏就會用一種聯繫比較的方式，為過去和面前發生的事作出配對。**

所以，我們有時會有一些似乎過敏的情緒反應，其實是情緒傳輸的速度比大腦分析的速度更快所致。一些可能已經過時的神經警號（out-of-date neural alarms），常把我們弄得不知所措。Daniel Goleman 就引用了一個故事，幫助我們了解一些過敏的情緒反應，其實是由創傷經驗所導致：

一九八九年，美國加州發生了一宗案件。一名瘋子走進一所學校的操場，那時正值學生小息，他擎着槍，向操場上的小孩亂槍掃射，然後吞槍自殺。當日，總共有五名小孩喪生，二十九名小孩受傷。

這個瘋子名叫 Patrick Purdy，事件發生後，當地的小孩流行一個名為 Purdy game 的遊戲：由一個小孩手持玩具槍，重演當日大屠殺的情景，只是他們改寫了結局 ——瘋子最後不是吞槍自殺，而是死於他們手上。

據 Goleman 的研究，這遊戲可說是小孩對創傷經歷的重訪。小孩在一個安全的環境下，模擬重新經歷這創傷事件，達到兩方面的醫治：（一）這些記憶在較安全和低焦慮的環境下重複，可以減輕巴且杏的敏感程度，容許另一些較不激烈的情緒反應出現；（二）這些小孩在腦海中，如同魔法一樣把悲劇的結局改寫，他們就不致落入那份創傷所帶來的無助裏。

這也是我做心理輔導的體驗。在安全的輔導室內，**受助者重述那些受創的經驗，能讓那些情緒的神經系統，對面前的經驗有較實際的評估和反應。**這些混亂的經驗和記憶，透過說話的描述，使太快跑過神經棧道的情緒反應，重新受到大腦神經控制，不致反應過敏。

重訪一些未了結的帳，除了有腦神經的科學基礎外，精神科醫生 Susan Vaughan 在著作 *The Talking Cure: The Science behind Psychotherapy*（中譯本：《與夢境對話》）更進一步提出「說話」帶來「治療」的科學根據。

據 Susan Vaughan 的研究所得，**說話本身能改變我們大腦的腦細胞路徑（neural pathways）。這些已經形成的大腦腦細胞路徑，或稱情緒神經的棧道，可以不斷透過我們的自覺（self-awareness），重溫及分辨過去與現在不同的歷程，分拆原有的腦細胞路徑，甚至重新編寫一條新的路徑。如此，我們便脫去「三歲定八十」的宿命論定律。**對此有興趣的讀者，不妨參考 Susan Vaughan 這本著作，當中不單有科學理論，更有不少作者的個案故事，可讀性頗高，也能帶來啟發。

5. 五個步驟清理未了結的帳

（一） **增強自己對未了結的帳，或對那些「死穴」的自覺能力。**以怒氣為例，你可以嘗試回答以下的問題：

1. 別人的什麼行為、態度或說話最容易觸怒你？是輕視的眼光？是一句粗魯的說話？
2. 別人的什麼行為、態度或說話最容易使你感到被拒絕？是別人不聆聽、不理解嗎？是別人忽略你，故意不望你嗎？是別人有意從對談中將你排斥嗎？
3. 怒氣和被拒絕的背後，是什麼傷害？
4. 回想過去，你有沒有遇過類似的情況？
5. 你心底有否沒說出來的期望，致使那些不愉快的情緒升級？
6. 若說出來，對方能明白你的期望和「死穴」嗎？

（二）利用自己對「死穴」的自覺，**減少情緒反應過敏的頻率**。

（三）**挑戰及修正過敏的反應**。要明白回憶並不反映今日的事態，給自己自由去選擇和作出新的反應。

（四）**增強自己作出適切反應的能力**，用一些正面的經驗作借鏡，慢慢將舊有的、過時的反應，以新的、正面的反應取代它。

（五）透過不斷重訪舊的經歷，實習新的反應，**鞏固自己選擇的新反應**，做一個不被過去綑綁的人。

以上過程，與 Sigmund Freud 的另一個概念「消解」(working through) 相類似。「消解」是一個漫長而重複的過程，能慢慢減低我們對改變舊有反應的抗拒，嘗試把新學習的反應，應用到不同及不斷出現的處境上，最終達致「消解」的結果，就像一個脱掉「舊我」，換上「新我」的過程。

6. 肯定過去的貢獻，然後說再見

多年前曾看過研究成長的大師 Virginia Satir 的一篇文章〈作出適當的選擇〉，給我很大啟發。她的默想作品 *The Choice*（選擇），提到當我們送「舊」迎「新」時，不要忘記把過去的經歷，賦予適當的「榮譽」，然後才說再見。因為無論這經歷是好是壞，它也在我們的生命中完成了歷史任務。

清理未了結的帳，不等於將過去的經歷完全抹殺。Satir 在文章中強調，**我們要對過去予以肯定，讓我們在再上路的時候，對過去多添一份了解和接納。**

〈作出適當的選擇〉

當我們環顧自己所有資源時，要小心和懂得欣賞我們過去的所見所聞、所感所受和所思所想。這些東西都曾經是我們生活的一部分，是我們擁有的選擇、片語和動態。

其實我們所擁有的選擇十分多。

但我們不應因為曾作出過某個選擇，便要一直跟隨這個選擇走下去；反而應該視這個選擇為提供其他選擇組合的踏腳石。

當我們終於了解自己那份與生俱來的能力時，便會曉得從所有資源中，挑選最合適的選擇。同時，我們亦會明白哪些事物於自身是無用的。

這些事物可能曾經十分有用，但隨着時間改變，我們已可以懷着感謝和祝福的心情把它們從清單上清除。

其中包括無用的思想如：「我不可與人分享我的感受，否則很容易會受到傷害。」

可能在某些時間和空間下，這種思想很受用，但亦可能以後都用不着。

當你發覺有很多你曾大費周章去學習的東西對你已再無用處時，你能否以一顆祝福的心把它們從你生命中刪除呢？

它們曾經事奉得宜，但現在對你已再無用處。

你能否分辨出什麼東西對你是最有益？

嘗試去尊重它，並容許自己把所需但仍未擁有的事物，加入你的生命中。

當你重新審閱你所擁有的資源時，你會發現你實在擁有很多可供你備用的東西。

你不但可以選擇用什麼，更可以決定如何使用它們。

但當你這樣做，你能夠同時採取去蕪存菁的行動，從而令現在的你更顯光彩嗎？

（摘譯自 Virginia Satir, *The Choice*）

個人成長習作

1. 回顧自己的過去，看看有沒有一些「死穴」或未了結的事情，然後以文中「五個步驟清理未了結的帳」，嘗試完成一次檢視自己、克服過去的過程。旁觀者清，你若在過程中遇到困難，可找導師或輔導員幫你面對。再者，你必須先經歷這個過程，才有經驗幫助其他人成長。

2. 默想 Satir 的文章〈作出適當的選擇〉，試在自己的人生歷史中，尋找一些曾起作用，如今卻無用武之地的東西，向它説再見。另外，嘗試尋找並寫下一些能豐富生活的選擇。

助人成長提示

1. 幫助人清理未了結的帳，並不是一件容易的事。在你遇到的年輕人當中，若發現一些反應過敏的情況，你可以從旁觀察；若有機會與他們詳談，可以嘗試引導他們反思這些反應背後的成因，以及在記憶中的傷痕。

2. 若年輕人對你產生過敏反應，而你們的關係亦算穩固的話，你可以向他們澄清一些誤會，幫助他們分辨哪些是事實，哪些是移情作用的影響。

3. 最重要的，是要聆聽他們的過去，引導他們把過去和現在連結起來，了解過去如何影響他們現在的反應，並引導他們尋找一些積極和正面的反應。

本章參考書目

區祥江著：《愛與怒 —— 如何處理婚姻之怒》，香港：突破出版社，1998。

Andreas, Steve (1991). *Virginia Satir: The Patterns of Her Magic.* California: Science and Behavior Books, Inc.

LeDoux, Joseph (1996). *The Emotional Brain: The Mysterious Underpinnings of Emotional Life.* N. Y.: A Touchstone Book.

Goleman, Daniel (1995). *Emotional Intelligence: Why It Can Matter More Than IQ.* N. Y.: Bantam Books.

Nathaniel, Branden (1997). *The Art of Living Consciously: The Power of Awareness to Transform Everyday Life.* N. Y.: Simon and Schuster.

Vaughan, Susan C. (1997). *The Talking Cure: The Science behind Psychotherapy.* N. Y.:Henry Holt.

3

現在：人生階段的掌握

這是遲早的問題——
每個人都會察覺到，
在他們人生不同的階段中，
別人期望他們要掌握到某些成長任務。
每一個人都會察覺到，
自己是比別人「早」、「遲」或
「準時」掌握這些任務。
這種自覺影響了他們自己的態度和行為，
以及別人對他們的態度。

Elizabeth B. Hurlock, *Developmental Psychology*

人生階段的掌握（小肥）

有人說，人生可分為四季，每二十年為一季。那麼三十歲的我，應該是在盛夏了，這是一個十分繁忙的季節。

中國人說：三十而立。站在這三十歲的關口，回望自己這幾年的日子，原來要掌握一些成長任務，殊不簡單。有時候，我看不見自己進步。在不斷的校正與學習中，我取得了工作與家庭之間的平衡，也算是一個勝任的主管與兒子。

在工作方面，我是一個中層管理人員，平日的工作，除了照管公司的營業額外，還要負責對外和對內的培訓。身為一個人力培訓員，除了在大專的基本訓練外，不少培訓的技巧和心得，例如如何引起受眾的學習動機和營造學習氣氛等，都是透過不同的培訓項目、受眾、培訓課程設計中不斷學習和磨練。我慢慢找到自己培訓學員的風格，也得到不少受眾的讚賞和上司的肯定。

對於工作上的掌握，除了在默默耕耘中操練自己外，我也不斷爭取進修的機會，希望可以在自己的工作領域內，出人頭地；其實不少時候都會感到勞累。我也學習主動與下屬、同事一同商討事情，鼓勵他們積極參與和提出意見，減輕自己的負荷。

不過，幫助自己在工作上晉升的因素，還是周遭的導師，在我不同的重要時刻和工作困難中，給我適當的回應。他們當中，有一些甚至扮演着教練的角色，對我的工作表現，提出改善的建議。每一個新的建議，都是一個學習和操練的機會。

家庭中學習

在家庭中，我是長子，有一弟一妹，與父母同住。對我來說，這階段要學習獨立，在心理上要離開父母，但又不能推卸孝順和關心父母的責任。

父母年紀漸大，對子女的要求和倚賴漸漸增加，我的心理壓力也比求學時期大。特別當媽媽生病了，內心會因不能陪她看醫生而內疚；所以我學會將照顧父母的責任，與弟妹分擔。若自己因工作緣故，不能照顧父母，我會嘗試看看弟妹能否代勞，學習減輕不必要的內疚感。另外，在事業或投資的決定中，雖然我會諮詢父母的意見；但也會客觀分析，不會因為父母的不滿意，而左右了自己的決定和人生方向。這種心理上的轉變，我和父母都要學習適應——他們要學習放手，我也學習在尊重父母意見的同時，不失去自己的意願。

面對四十歲的另一個人生關口，我希望到時自己能成為一個身心靈皆發展成熟的輔導員。面對新的人生目標，未來十年我要好好裝備自己，什麼重要的任務，是我需要學習和掌握的呢？這真是一項又大又具挑戰性的任務，人生就是這樣一個不斷學習和再生的過程。

1. 發展任務的掌握

芝加哥大學的心理學教授 Robert Havighurst 認為，一個人的成長，最好以發展任務（developmental task）作為指標。

Havighurst 指出，**我們的成長受着兩個時鐘所規限。第一個是生理時鐘。**生理時鐘定下了一些發展的里程碑。每個人的歲數和生理的成長與轉變是息息相關的。一個男孩子過了發育的歲數卻仍然是小個子，會承受很大的同輩壓力。

第二個時鐘是社會文化的時鐘。「三十而立」是上一代社會對三十歲男士的基本期望，他要有事業、有家庭，否則就未能達到社會為這歲數定下的要求。但社會文化的時鐘，會因着時代的改變有所不同。上一代三十歲的女士仍未出嫁，是一件羞恥的事；但時移世易，今天一般人較以前更能接納單身女性，三十歲仍未出嫁並不像以前承受那麼大的壓力。發展任務就是在某一個年齡或人生階段中，身體和社會的時鐘催迫我們要掌握的那些任務。如果我們落後，或會阻礙下一階段的成長。

以青少年期為例，有十一項發展任務，等待他們去掌握，簡列如下：

1. 年輕人的身體急劇成長，他們要**適應一個新的身體感覺**；
2. 年輕人的思維會進入**抽象思維**的世界，思想的領域豐富了，他們需要適應新的思考方式；
3. 為了準備接受成人的角色與責任及爭取進修機會，年輕人在這階段要**適應學校學業上的要求**；

4. 要**增強自己的語言能力**來表達自己，以語言掌握較複雜的理念及任務；
5. 要學習在父母以外，**建立自己的身分**；
6. 要**初步建立自己在職業上的目標**：「當你長大後，你準備做什麼工作？」
7. 在情感上，年輕人要**學習獨立**，減少對父母的倚賴；
8. 要發展**穩定的同儕關係**，同儕的接納是他能否成功發展的指標；
9. 要學習**管理他的性慾和性別角色**的發展；
10. 要建立自己一套**價值系統**；
11. 他們要**增強自制力**，不再衝動，在行為上漸趨成熟。

既然我們在不同的人生階段，都有無數的發展任務有待掌握，所以除了要認識每階段的發展心理和任務之外，學習掌握所有任務的祕訣，也是我們的成長契機。

2. 孩子給我的啟示

一把年紀的我，多添了一個兒子，身邊的朋友都取笑我中年得子。體力已大不如前，抱着兒子一段時間就覺得腰痠背痛。幸好他開始學習步行和拋擲東西，我只需要坐在地上陪他，確保他安全，有時跟他玩、拋球給他等，他就開心不已。

有一次，他練習在地上拾球，左手一個，右手一個，然後站起來，將球拋向我；我負責將兩個球拋回給他，他又興高采烈的追球、拾球、站起來、擲球，這一系列的動作，他可以重複數十次而不怕沉悶，也不覺疲倦。更奇妙的是他經常會因站不穩而跌坐地上，自己又連忙爬起來；爬了又跌，跌了又爬，他就如此這般從錯誤中學習，毫無不滿。望着他，給我很大的驚歎。我領悟到大人若有這種赤子之心，多錯一次，就多一次矯正自己的機會，不怕從失敗中站起來，多好。

我巴不得自己有兒子那份不怕失敗的心。跌倒了，很快就能站起來。想不到已屆中年的我，竟然從一歲的兒子身上，學到做人的道理。

3. 掌握之道

看見孩子鍥而不捨的學習態度，一方面感受到每個人都具備潛質，若經過努力學習，可以如鮮花般燦爛盛放；但另一方面卻慨歎，當人慢慢長大，我們失去了那份學習的童心，很多需要掌握的成長任務都沒有學習完成，遇到障礙就半途而廢。

武術大師 George Leonard 在他的著作 *Mastery: The Keys to Success and Long-term Fulfillment*（掌握之道——成功與長久滿足的關鍵）中，為我們刻劃出掌握之道。不論我們學習的是武術、運動、音樂，甚至人際關係的溝通，作者發現**我們都遵循一個差不多的掌握進程，可稱之為掌握的曲線**（mastery curve）（見圖一）。

圖一 掌握的曲線

學習一樣新技巧，起初會有一種像湧溢出來的進步（spurts of progress），接着會有輕微的退後（decline），然後就停留在一個高原上（plateau）。要走這段掌握的旅程，你要勤奮練習，甘心花大量時間在高原上。雖然似乎沒有什麼成果，但那些練習等如將技巧放在肌肉的記憶中；有朝一日，另一次湧溢出來的進步就會出現，帶領你進到更高層次。

能愛上高原期，不間斷的練習，從像是沒有進展的學習中，尋到喜樂，是「掌握之道」這旅程的祕訣。但不少人就因無法忍受而半途而廢。Leonard 區分出**三種半途而廢的類型**：

戲水者（The Dabbler）

這類人最愛新鮮感，對什麼都有興趣，什麼都想涉獵，我們俗稱他們為「八爪魚」。他們連第一個高原都不願意停留就放棄，像滾石上永遠不能長出苔蘚一樣。

圖二 戲水者

纏繞者（The Obsessive）

這種人急於求勝，希望一沾上了，就能完全掌握，初嘗進步之後就忍受不了那高原期的平靜。他們會以雙倍的力量去學、去練，希望找到捷徑，可以一蹴即就，這或許帶來少許的進步，卻是崎嶇滿途，最後挫敗而回。

圖三 纏繞者

愛輕騎者（The Hacker）

這類人對事情有初步的掌握就心滿意足，不願意花心力練習，將技巧深化，達到精通的地步，像一個輕騎者，甘心以普通速度騎馬，永遠停留在平坦的高原上，而不願攀上另一個高峰。

圖四 愛輕騎者

正在掌握成長發展任務的你，會否屬於以上某一類型呢？或許我們會以不同形式，出現在不同的領域上，例如在職業上是愛輕騎者，在愛情上是戲水式，但在人際技巧上則是個大師（master）呢？

近年學術界對我們個人潛質的了解有突破，過往我們將智商（intelligence quotient，簡稱 I.Q.）局限在推理、數學、概念等方面的評估，心理學家 Howard Gardner 倡議的多元智能（multiple intelligence）也普遍接納及應用到教育上。

教育界如今也多了留意學生在人際及個人內心的（interpersonal and intrapersonal）智能的發展，這也是我們個人成長的主要課題所在。但願我們的年輕人樂意花更大的努力，發展這兩方面的智能，因為這是我們人際及個人快樂、和諧相處的基礎，也是上文列舉青少年發展任務的主題。

除了明白「掌握之道」的進程外，George Leonard 更為我們指出**掌握任何技巧的五個竅門**。

1. 尋得**良師**指導（instruction）；
2. 不停的**練習**（practice）；
3. **謙卑**放下自己以為已掌握的，虛心學習（surrender）；
4. 對要達到的境界有**遠象**（intentionality）；
5. 知道何時**延伸**自己，跨越極限（edge）。

讀者若想進一步了解這五個竅門，我鼓勵你翻閱這本書，定能對你學習這掌握之道，帶來啟發。

個人成長習作

1. 參閱一些發展心理學的書，檢視你身處的成長階段，有什麼發展任務需要掌握？

2. 你有什麼很想發展的興趣（如彈鋼琴、駕車等）？嘗試以掌握之道的提示和五個竅門，開展一段掌握之旅。

3. 回顧自己過去不同的學習，若以 George Leonard 的學習型態分類，你能否從中找到自己的歸類，並反省箇中的成敗關鍵？

助人成長提示

1. 熟讀發展心理學，觀察身邊的年輕人在不同發展任務上的進度如何？

2. 若你是年輕人的導師或教練，你可以嘗試使用以下的訓練模式來因材施教。

	低技巧水平	高技巧水平
高學習動機	引導（guide）	放手（delegate）
低學習動機	給予具體指示（direct）	給予鼓勵（excite）

3. 若年輕人在學習上的高原期失去鬥志，嘗試給他們多作鼓勵，讓他們攀上另一高峰。

本章參考書目

Gardner, Howard (1983). *Frames of Mind: The Theory of Multiple Intelligences.* N. Y.: Basic.

Leonard, George (1991). *Mastery: The Keys to Success and Long-term Fulfillment.* N. Y.: A Dutton Book.

Levinson, D.J., Darrow, C.N., Klein, E.B., Levinson, M.H., & McKee, B. (1978). *The Seasons of a Man's Life.* N. Y.: Ballantine Books.

Sheehy, G. (1998). *Understanding Men's Passages: Discovering the New Map of Men's Lives.* N. Y.: Random House, Inc.

Sheehy, G. (1995). *New Passages: Mapping Your Life Across Time.* N. Y.: Ballantine Books.

Sheehy, G. (1974). *Passages: Predictable Crises of Adult Life.* N. Y.: Bantam Book, Inc.

將來：
過渡期與成長

所有的轉變，
甚至是我們渴望的轉變，
都有使人悲傷的地方；
因為我們留下的，
是我們自己的一部分；
我們要先讓一個生命死去，
才能進入另一個生命。
存在就是轉變，
轉變就是成熟，
成熟就是不斷創新自己。

Anatole France，法國作家

轉工的故事 (鄧淑英)

沒想過一把年紀也轉工……

我在一所中學教書已十一年，初入行時以為自己會教一輩子書，只因實在喜歡與青少年接觸，幫助他們成長。在學校教了十年書，有穩定及不錯的收入、融洽而有默契的同事關係、受學生和家長尊重的身分和角色，別人看來一切皆「不俗」。學校成為我的安舒區（comfort zone）。

在轉工的前兩年，腦海中醞釀着人生有一點突破的想法。那時我安排了很多時間給自己安靜、反省，向上帝尋問，也向人打探及收集資料。我時常思想一個問題：「上帝帶領我，塑造我走了這十年的路，下一站是哪兒呢？」當時適逢學校開校十周年，我獲得十年服務獎。我對自己說，人生到了此刻也該是一個里程碑，我很渴望再進深發揮自己，服侍青少年。而這時候，一個新任務向我招手——突破機構的青少年輔導員，擔當另類學習導師，負責「飛鷹計劃」，協助輟學少年重新學習。

對於我這次轉工，別人多是祝福和恭喜。新任務在前，固然令人興奮，但告別舊地方殊不容易，心情很是複雜，既興奮又戰兢。臨離開的一段日子，我邀請學生和同事為我寫紀念冊，記下我最後一年的一些美好回憶；現在再翻閱，仍然充滿絲絲暖意和感動！最難忘臨走時執拾東西的一整天，翻看舊照片、舊筆記，一些學生、同事給自己的便條、卡片、小禮物，每件都牽動了我離別的不捨心情，心想：「留在這裏也不錯。」但同時又發現下年度新的工作名單上，已沒有了我的名字，一份失落感湧上心頭。新工作尚未接上，像是不歸屬於任何地方，那種落寞孤單感油然而生。幸好上任新工前，有機會與友人結伴到外國旅行，休息輕鬆一下，也舒緩我這段時期混亂的思緒。在旅程中，自己作了很多次心理調整，期望更能適應新工作。

新工作開始的首個月，整個人的心思也在備戰狀態，各種新事物、新工作模式、新文化、新角色都令我感到很新鮮、很有興趣。我想適應也不太難吧。然而蜜月期過後，新鮮歸於平淡，我經歷了起起伏伏的心情。我的身分角色，由清晰——老師，變成多元化，我已搞不清自己的身分——我似乎不再是老師；我雖然做一些類似社工的工作，但我既不是社工，又不是青少年牧者，也不是「正式」的輔導員，在那段日子，很多反省、掙扎……歸根究底，原來經歷這幾年，我仍在尋索自己的身分。以前在學校時，五十多位老師，彼此很有團隊精神，常感到身邊有很多同工；但現在的同事多在不同時間上班，有時一個人獨自在辦公室，那份孤單感又來了！

放手告別

由新鮮、雀躍，轉至平淡、混亂、迷失以至再確定，實在走了很漫長的路程。有時我會怪責自己為何好像仍未過渡，但我覺察到每一次內省，自己對舊地方便「放手」(let go) 多一點，對新地方又投入多一點。

在「突破機構」初期，我也常到舊校探望同事和學生，也有將「突破機構」的事工與他們分享，我發現自己心底仍未正式向老地方告別：有一次回校探望同事和學生，途中碰上一些穿着學校校服的學生，我逐一打量熟悉的校服，但面對這些新的學生，我察覺自己再不是他們的老師了，我默默對自己說：「是真正說再見的時候了。」雖然現在我仍與舊校同事聯絡，我與他們的關係卻踏進了新階段，建立了新的情誼，現在部分舊校的學生和老師，已成為「突破機構」的義工、活動參加者。

隨着對上一階段清晰的告別，我漸漸投入現在的環境。一位同事告訴我：「你初來時常說『你們』，感覺不自然，像不歸屬在我們當中。」後來，我發現我慢慢改口，變成「我們」。從前角色迷失、混亂，經過數年沉澱、整理、再委身後，我漸漸欣賞自己這另類教育工作者的角色，我有着過去的教學背景，配合神學和輔導訓練的整合，我豈不是有獨特的服侍青少年的身分？

經歷這數年的過渡期，我更深體會自己的成長需要，以及自己期望的身分和角色。我即將面對另一過渡期，就是暫時放下「突破機構」的工作，離開我熟悉的香港、「突破機構」、教會羣體，到一個我不熟悉的文化、語言環境、生活習慣的羣體進修一年。我深信上階段的過渡期經歷，有助我更明瞭自己的處境、需要和感受，從而更有力量去成長和適應。

1. 過渡期與成長

若你細心想想，便會發現人生充滿了不同的、大大小小的過渡期。**有不少過渡期是成長必經的階段，它們的出現是可以預測的。**例如：

- 從熟悉的家庭環境進到幼稚園；
- 從小學升上中學；
- 從中學升上大專；
- 從學校踏足社會工作；
- 從單身到結婚；
- 從壯年到退休……

研究男性成長的專家 Daniel Levinson 在 *The Seasons of a Man's Life*（男人的四季人生）中，更觀察到大約每隔十年，男性就要經歷一個過渡期，當中包括：

- 早期成人過渡期（17-22 歲）；
- 三十歲過渡期（28-33 歲）；
- 中年過渡期（40-45 歲）；
- 五十歲過渡期（50-55 歲）。

這些都是我們所能預知、可預先準備去面對的過渡期。當然，也有不少過渡期是突發的，是外在環境轉變帶來的。有時候，我們會給這些突發的過渡期弄得措手不及。這包括：親人突然去世、被解僱、經濟低迷、樓價大跌變成負資產、患重病、移民外地等。

有否想過，這些過渡期的來臨，也能成為我們的成長契機呢？

心理的成長，有時候我們需要在慣常的日常生活中，經歷一些「打岔」的體驗，經歷一段痛苦和混亂的時間，才有重大進展。**生命的成長，就在這些過渡期中，給我們機會，讓我們稍稍停下來，重新整理自己，然後向前邁進一個新生活空間。**

這過程好像一隻成長中的寄居蟹，牠原來居住的貝殼，已不能再容納牠不斷成長的身軀；但要向居住已久的貝殼說再見，談何容易？最痛苦的是在捨離舊殼後，新殼尚未尋獲時，空虛和赤裸、脆弱與迷惘，一浪接一浪的洶湧襲來。及至找到新的貝殼可供棲身，卻也要重新適應新環境、新生活。當然，成功過渡後，寄居蟹就得到更大的成長空間，然而最重要的是如何面對那份破裂（fall apart），踏上復原的過程。

研究抗逆力（resilience）的專家 Frederic Flach 在他的著作 *Resilience: The Power to Bounce Back When the Going Gets Tough*（抗逆力：當事情發生時的反彈力）中，就用正常破解與重整的循環（normal disruption-reintegration cycle），來形容這個過程。我認為這與我們面對過渡期的心路歷程，十分相似。（見圖一）

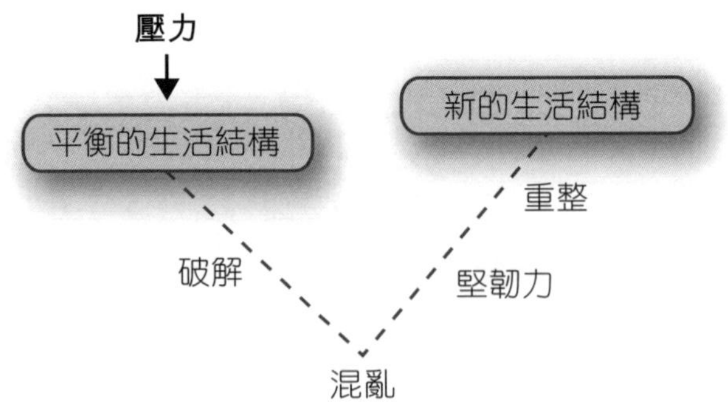

圖一 正常的破解——重整的循環

有一些人面對過渡期，卻不願意破解自己的生活結構（disrupt homeostatic structure），只會帶來混亂的行為，停滯不前，不能面對將來的壓力。（見圖二）

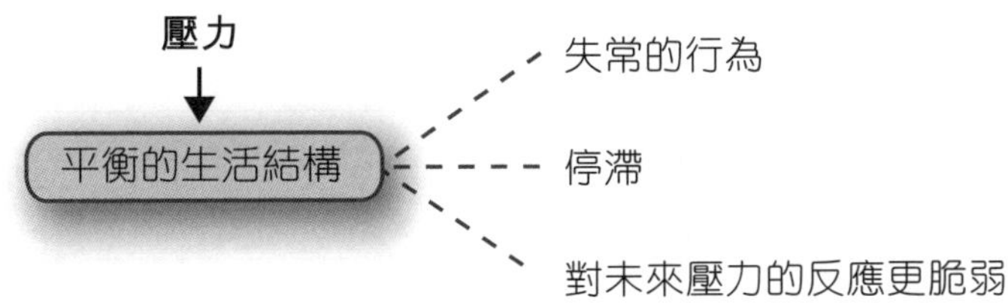

圖二 破解失敗

也有一些人在破解後，未能找到一個較理想的生活空間，以致經常落入不穩定的狀態中。（見圖三）

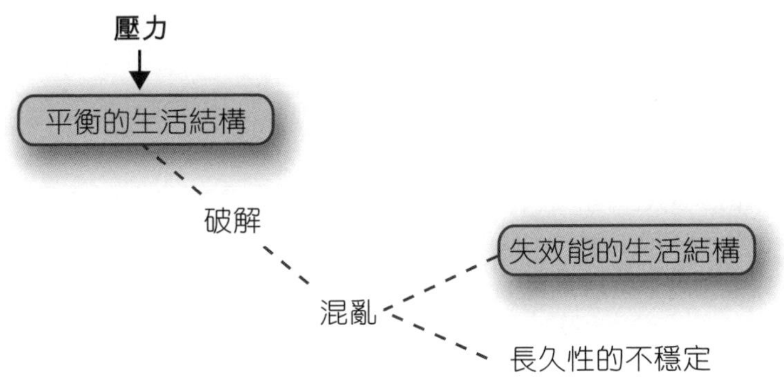

圖三 重整失敗

作者認為，決定一個人能否順利過渡，要看他的抗逆力如何，這課題稍後再談。

2. 過渡期的三個階段

William Bridges 對過渡期這課題，有獨到、深刻而且實用的研究。他在暢銷書 *Transitions: Making Sense of Life's Changes*（中譯本《轉變，需要一場儀式：讓生命中的轉變有意義》）中，描繪了一個「過渡期的三個階段」的模式，讓我們了解每一個階段的心理反應和對應方法（見圖四）。**在過渡期中，有終結期（ending）、中性區（neutral zone）及新開始（beginning）。這三個階段並不是獨立並具備清晰界限的；反之，每一個階段都有一些重疊的時間。這些階段是內心轉變的過程，並不是其他人從外面可以觀察得到的。**

圖四 過渡期的三個階段

此外，這些階段的時段有多長，是因人及不同過渡期而定的。所以外在環境雖然迫使人進入新的階段，但當事人內心的進程，往往是不可催逼的，他們有自己的節奏。

2.1 終結期

每一個過渡期最重要的，並不是進入一個什麼新的處境，而是要離開或放下哪些舊有的東西，像寄居蟹要放下牠舊有的外殼一樣。我們很容易錯誤地認為，終結就是完結（finality）。我們要知道，**終結是新開啟的一扇門，帶領我們到達另一個高峰**；就像空中飛人，從一邊跳往另一邊之前，他要放下原來的板手，他的雙手才有空間迎接新的板手、新的挑戰。然而，要放下舊有的，殊不簡單。

Bridges 發現，我們在終結期很自然地有以下四種心理反應，包括：

（一）**脫離**舊有世界（disengagement）；

（二）**脫下**舊有身分（disidentification）；

（三）從幻夢中**覺醒**（disenchantment）；

（四）**喪失**方向感（disorientation）。

這情況就像一個年輕人，剛剛放下書包，進入成年人的工作世界。他要告別自己的學生生涯，與舊有的同學見面少了，以前常到的課室、圖書館，他也不能再經常到訪了。他不再是學生，開始工作後就不可以像學生一樣有權利諸多提問，甚至犯錯。別人也期望他是一個成熟、對工作有責任感的人。這學生身分的喪失，帶來很多身分危機；在未進到工作世界之前，他可能對工作世界存有很多幻想，可是一投進去便受到衝擊；他也可能期望在工作中會有很多學習和發揮的機會，可是卻發現自己進到一個死板、不斷重複的工作環境，這份覺醒極不容易接受。這個新丁將感到自己被拋擲進一個陌生、不知何去何從的世界。

這是終結期經常遇到的心理反應，說再見、放手、面對所失去的，都是這個階段需要學習的。

終結期的提示

以下是一些面對此階段的實際提示：

1. 我是否了解這個過渡期的種種情況？我是否知道自己失去了什麼？
2. 我是否對這些損失抱有同情的態度？
3. 我能否讓自己為此而哀傷？
4. 我會否分辨哪些事情需要終結，哪些可以保留？
5. 我有否設立一些里程碑，告別這階段？
6. 我有否過分貶低過去，沒有肯定上一階段的重要性？
7. 我有否保留一些舊有的事物，作為新階段的鼓勵？

2.2 中性區

中性區就像寄居蟹脫下舊貝殼，而又未尋獲新貝殼時的那份空虛；又像空中飛人放下舊板手，而又未接上新板手，懸在半空的那一段時間。對空中飛人來說，他比較幸福，因為這段懸空的時間非常短。但一個人進入過渡期的第二階段，卻往往像要經歷一個漫長的黑夜。那是一段不事生產、被罰離場（time out）的空檔。他一方面要與舊有的事物隔離，另一方面又未能與新的處境在感情上連繫起來，那是一段最可怕的日子，也是要重新尋找方向的日子。

Bridges 形容這階段的特徵是空虛（emptiness）。他認為在舊生活與新生活之間的空虛是必要的，就像一條毛蟲要蛻變一樣，那靜止、內藏是為了死亡與再生（death and rebirth），或說是一個化解與重整的過程（disintegration and reintegration）。他彷彿進到曠野，什麼都沒有，惟有在這種空虛、退下來的景況，他才看得見自己的內心，看得更通透，知道自己真正的需要和真我所在。**這階段最重要的，在於不要太快進入忙碌的新生活，逃避面對自己。**

中性區的提示

Bridges 給這階段一些實際提示如下：

1. 尋找一處可以經常讓自己獨處的地方；
2. 記下在中性區當中的心路歷程；
3. 在繁忙的生活中，安排一段退隱的日子，寫下你的自傳；
4. 藉此機會發掘自己內心真正的需要；
5. 嘗試問自己：若今天生命就此完結，有哪些生活是你錯過了的？

嘗試向自己發問一些核心問題：

（一） 我的生命中有哪些缺乏？這些缺乏對我來說是重要的嗎？

（二） 我對什麼東西會感到心裏火熱？

（三） 我是誰？

（四） 我看重什麼東西？

（五） 我希望自己十年後可以做什麼？

（六） 有什麼東西是我不惜犧牲也願意委身的呢？

（七） 我有什麼天賦尚未充分發揮呢？

（八） 我被什麼所困？

2.3 新開始

最後，我們到達一個新的開始。**經過中性區的內省、尋索，新開始是一個活躍期，當事人已找到一個新的方向和優先次序，生活從空虛變回充實。**新的生活架構，像寄居蟹新的貝殼，又像空中飛人重新握緊的板手，引領他到達一個新的領域。Bridges 提醒我們，新階段最重要的指標，是投入生活，要知道這新的一頁，會引往何處，而當事人自己亦認同這個改變，按部就班為這新的理想付出努力。

對於新的開始，我們不需要太多提示，只要記着為這新開始慶祝一番，慢慢找回自己新的身分，或許在心理上就像終結期的倒轉吧：

（一）投入新世界（engagement）；

（二）找到新身分、新認同（identification）；

（三）為新開始着迷（enchantment）；

（四）有新的方向感（orientation）。

個人成長習作

1. 正如*Resilience*（抗逆力）一書的作者 Frederic Flach 所提出，能順利過渡的人，需要有抗逆的能力。試用抗逆力的十二個素質來檢討自己面對過渡期的能力。

抗逆力的十二個素質

	自我評估（1 分最低，10 分最高） 1 2 3 4 5 6 7 8 9 10
(a) 健康的自我形象	
(b) 有獨立思想和行動的能力，但又不怕向人求助	
(c) 有良好的支持系統及傾訴對象	
(d) 有高度的自律及責任感	
(e) 對新事物開放，容易吸收	
(f) 敢於夢想	
(g) 有多樣的興趣	
(h) 有幽默感	
(i) 了解自己及別人的情緒，並能作出合宜的表達	
(j) 認識及懂得發揮自己的才幹	
(k) 能忍受不快	
(l) 對生命有熱誠，有一套了解人生意義的哲學	

2. 回望自己重要的過渡期，嘗試總結在不同的過渡期中，你順利過渡的心得，點算一下你在過渡期中得到什麼成長的禮物和素質。

3. 若你正經歷過渡期，嘗試將本章的提議應用到自己的處境上。

4. 與一些經歷過重大過渡期的人交談，了解他們的心路歷程和成長契機所在。

助人成長提示

1. 經歷過渡期的人，需要有人在感情上作出支持，陪伴他度過哀傷的終結期，鼓勵他不要太快放棄在中性區探索，提供可以退隱的空間。

2. 分享你自己經歷過渡期的心得。

3. 蒐集一些教人預備或面對不同過渡期的書，給當事人作參考。例如《初出茅廬》、《情難捨》、《初為人母》等類的書。請參〈個人成長參考書目〉。

本章參考書目

Bridges, William (1980). *Transition: Making Sense of Life's Changes.* London: Nicholas Brealey Publishing Limited.

Bridges, William (1991). *Managing Transition: Making the Most of Change.* N. Y.: Addison-Wesley Publishing Company.

Flach, Frederic F. (1997). *Resilience: The Power to Bounce Back When the Going Gets Tough.* N. Y.: Hatherleigh.

Levison, Daniel (1978). *The Seasons of a Man's Life.* N. Y.: Ballantine.

關係網中的自我

5 我與環境：踏出安舒區
6 我與環境：閱讀、生活體驗與成長
7 我與他人：從無條件的接納到自我接納
8 我與他人：從羣體中區分出來
9 我與自己：認識多方面的我
10 我與自己：整合兩極的我

我與環境：踏出安舒區

當一些將要冒起的
潛質和可能性出現的時候，
焦慮就會產生，
那就是要完成自我的「可能性」，
而這「可能性」會將現有的安全感破壞，
正因這緣故，
我們會有傾向否定新的潛質。

Rollo May, *The Discovery of Being*

「墮落」的祝福（李德誠）

每一位攀山者的每一步都是向高處攀登，期望登上高峰。然而，在登山的歷程中，為了減少高山症的危險，上攀一段高度，必須回落某些距離。

生命的歷程也是如此，並不保證永遠前進、上攀。有計劃的回落，可以叫我們得以休竭、反思、定位、整合、裝備，然後再上路；而偶然被迫的下墮，也可以是祝福！

幻滅的超級公路

二十多年前，我曾修讀過結構工程的高級文憑課程。然而，由於自己忙於做兼職和參與活動，以致考試不及格，被迫終止學業。

眼見自己的理想、前途沒有了立足點，好像一段超級公路的旅程突然幻滅，感到非常內疚和無助。當自己的友好繼續升讀大專課程，自己卻要賦閒在家時，覺得其他人好像巨人一般，而自己則不斷萎縮。

經過漫長的低沉和等候，在旁人的邀請和挑戰下，我成為了基督徒，願意讓耶穌基督掌管我的一生。

奇妙地，我的生命得以開展新的一頁，由建築行業轉向服侍人的工作。昔日當不成結構工程師，今天我卻為自己能被上帝使用，參與生命工程的建立而感到榮幸！

拐腳的征服者

數年前自己在瑞士參與一個為期四週的生命重整訓練。開始時，導師鼓勵學員善用空閒時間，休息午睡、安靜反思以及在山間漫遊。導師更提醒我們切勿單獨登山，以免發生危險。然而，不知怎的，熱愛登山的我找不到旅伴，開始時只獨個兒漫遊山洞。

一天黃昏，午睡過後，我漫步至村後的山坡。由於我期望稍後能登上附近的山峰，便沿山坡的斜道練習攀登。

然而，一個不留神，我失了腳，直滑下二十多呎的山坡。滑到坡底時，左腿感到劇痛，動彈不得，經過初步評估，只是左膝受傷，真是不幸中之大幸。

然而，肉體的痛楚，遠遠及不上心靈的震撼。身為山藝教練，我卻罔顧安全守則，容讓自己落得如此景況，不單有可能在荒野上露宿一宵，亦會驚動全營的營友進行搜索和拯救。

及後，幾經艱苦，自己終於返抵營舍，卻沒有向其他人透露自己遇險一事。當晚因着肉體的痛楚和心靈的震盪，徹夜難眠。

翌日早上，恰巧我們默想《聖經》的人物雅各與上帝摔跤的片段，驚覺自己就是那一個凡事靠自己的「拐腳雅各」。

在進一步默想自己的舊名——亞歷山大（Alexanda）——時，更發現自己一直以來內藏着征服者的傾向，企圖憑藉己力去征服不同的山峰，到頭來令自己耗盡和迷失……

當自己默想新的名字時，腦海中即時浮現一個熟悉的名字：德誠，自己的中文名字。「德誠」，意指誠實、誠信、表裏如一的德行，是祖母起的名字。

回顧半生的勞碌，原來我只是藉外在的工作（doing）去肯定自己，卻輕忽了生命內裏的本質（being）。感謝上帝，祖母多年前為我命名的祝福，終於得以實踐。

「墮落」的拯救者

數年前一個春寒的日子，我們正進行義工組的內部訓練。當日天氣非常寒冷，且下着連綿細雨。

當大隊正在石澗一險要之處前進，一名女隊員忽然因石面濕滑而跌入澗中。雖然她全身濕透，心感震驚，幸好身體並無損傷。眾人立即動員拯救行動，攙扶她至安全的地方，安排更衣和準備暖飲。

與此同時，我和另一義工努力在天黑前，「拯救」她落於五呎水深下的眼鏡。幾經折騰，終於完成任務。但當自己負重經過另一濕滑石面時，因先前待在冷水中過久而導致肌肉不協調，我終於掉下澗中。拯救者頓成待救者！

這個「墮落」的教練，被救上來時，身體因濕冷而顫抖，心靈卻經歷更大的震盪。

回想自己當了二十年野外歷奇教練，經歷過不少風浪，且多次在那石澗提供訓練，亦曾在不同氣候、不同時間幫助無數青少年在那裏越過難關，克服困難。然而，昔日的經驗，並不保證今天的成功；助人的行動，有時會置自己於險境；在最擅長的項目中，亦最容易凸顯自己的弱點！

那時，在別人力勸之下，我仍拒絕更換乾衣服。這是我對自己和隊友欠缺信心的表現！

然而，最弔詭的卻是這一跌，將我拋離自己的安舒區（comfort zone）。離開安舒區並不好受，但這個教練「墮落」後，對該段石澗的危險處和應採取的安全措施，有進一步的了解。自己對於先前墮澗的隊員，因着共同的經歷，能夠感同身受，明白她的震驚、內疚以及歉意。在經歷毫無自信的情況下，令我以後對體能較弱、信心較差的活動參加者，知道如何鼓勵他們面對挑戰。最後，因着自己的跌倒和軟弱，其他教練的領袖才幹得以發揮，整體隊工的合作和效能得以提升。原來墮落也可以是祝福，離開自己的安舒區，給我不少成長的體驗。

1. 踏出安舒區的挑戰

人生是一次接一次的歷奇，它的豐富和可貴之處，是透過一次又一次的歷奇體驗，讓自我得以擴展，生命逐漸成長。成功的歷奇體驗給我們更大的信心，去闖人生另一個高峰。

可是，不知道什麼原因，或許我們的挫敗多了，又或是踏出自己熟悉的領域的未知數太大；要踏出自己的安舒區，總是困難重重。當中的恐懼、猶豫，甚至折返，使我們的生命停滯在某一點上，不能突破，原地踏步。

成長的契機在於我們敢於踏出自己的安舒區，向無盡的將來、無盡的可能性邁進。

近年來，在青少年工作中，增加了一項新元素，就是歷奇為本的輔導。歷奇輔導是指透過精心設計的歷奇訓練，幫助參加者達致成長的一套特定程序。事實上，踏出自己的安舒區，就是一個歷奇過程。李德誠和劉有權先生，在〈歷奇為本輔導初探〉中，對「歷奇」有一個很好的解說：

「在牛津字典裏，歷奇（adventure）的意思是指冒險的活動和奇遇。歷奇本身包含了一定程度的技巧難度，是陌生的、新鮮的、具挑戰的，與慣常生活方式不同的經歷。在面對這不知名的經歷時，必會存在心理壓力和危險感。此種心理狀況會因人、時而異，視乎當事人的能力與當時的危機之比對關係。若兩者得以配合，便會產生高峰歷奇的理想經驗，催化個人成長。反過來說，若因錯誤估計或其他因素而導至負面的歷奇經驗，便可能會為當事人帶來身體和心理方面的傷害。」

「事實上，歷奇經驗是人生中必然和重要的經歷，且隨着成長階段的際遇而變化。透過有計劃的程序和合宜的引導帶來的正面歷奇體會，必會幫助我們面對將來生命中重大的衝擊和挑戰！」

若以一個簡單的進程來説，從離開自己的安舒區（comfort zone）到達另一成長區（growth zone），我們被迫進入一個受壓區（groan zone）（見圖一）。**在受壓區當中，我們會感到不安和陌生，透過克服這些焦慮和自我懷疑的感受，進而體驗到成功，我們便從受壓區進入成長的新階段了。**

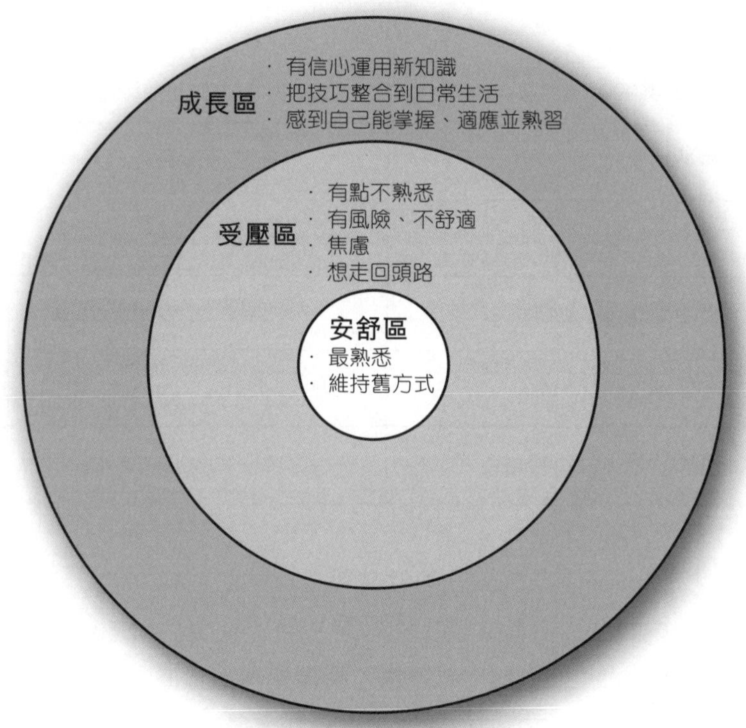

圖一 從安舒區到成長區

2. 安舒區與新領域之間

要了解為什麼不少人甘於停留在安舒區，不敢踏進歷奇的旅程，我們可以看看，安舒區與新領域之間，對不敢踏出去的人來說，是一個如何截然不同、天淵之別的世界。

安舒區	新領域
安全（Safe）	危險（Risky）
可知（Known）	未知（Unknown）
熟悉（Familiar）	陌生（Unfamiliar）
安定（Secure）	不安定（Insecure）
舒適（Comfortable）	不舒適（Uncomfortable）
勝任（Competent）	不勝任（Incompetent）
可預計（Predictable）	不測（Unpredictable）

基於以上那麼多的不同，不少人面對新領域的挑戰，往往從成長的邊緣經驗（edge experience）中折返；**有時候，前進與退縮之間，只是一線之差。最重要是在這邊緣經驗中，如何使他們衝破自己的障礙，勇敢踏出第一步。**（見圖二）

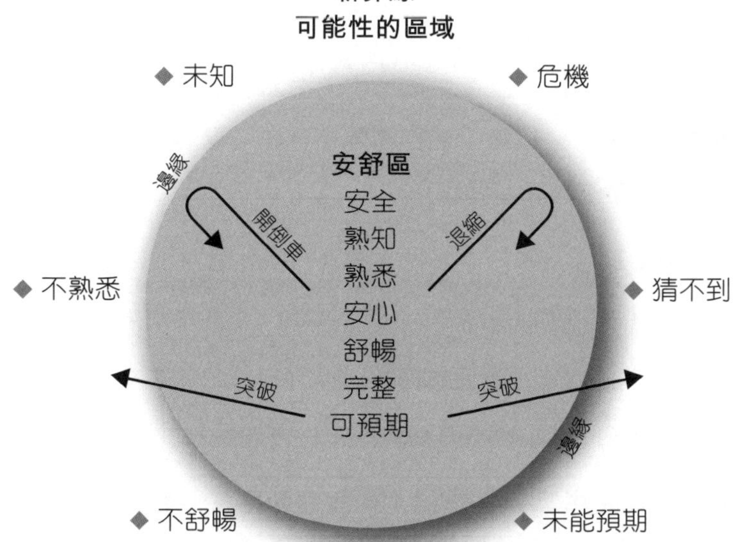

圖二 邊緣經驗：突破限制以致成長

3. 跨越邊緣經驗的障礙

3.1 過去的挫敗

邊緣經驗有趣的地方，在於一瞬之間、一個轉念，能否突破自我或退縮、折返，導致成或敗的結果。若我們能窺探到一個人面臨分界線時的心理狀況，或許會發現，他的腦際浮現了不同的景象；而其中最容易令他折返、不敢前進的，是過去的挫敗經驗。

「自古成功在嘗試」、「失敗乃成功之母」這些鼓勵人在失敗後仍不放棄的勵志説話，並不是每一個人都能聽進耳裏。有些人就是不能自已地被挫敗感緊緊籠罩，不能動彈。每個人經歷了失敗，再面對新挑戰時，都會有不同的反應。**有人屢敗屢戰，有人中途棄權；能否跨越挫敗感，就要看我們面對新挑戰時，會否落入一些情緒帶來的死胡同裏。**

第一個死胡同是急於求成。我們愈希望以新的成功抹去過往的失敗，在嘗試面對新挑戰時，我們便愈難忍受在嘗試過程中必然出現的起伏；稍一退步便裹足不前，舉步維艱，因為怕多走了路，怕成功久久未出現。**這樣急躁地求成功的心態，只會帶來緊張，對要去成就的事，有損無益。**

第二個死胡同是由恐懼而來的。失敗經驗愈多，面對另一次考驗時，恐懼再失敗的情緒便愈容易使我們整個人癱瘓，無法發揮應有的潛質才幹應付困難。有人就索性放棄，也有人只選擇一些輕而易舉的事去做，不敢突破自己；另一個極端是只選一些難度極高的去挑戰，因為失敗了，別人也不會見怪！

急躁與恐懼背後，源於我們以成敗得失來衡量自己，以為自己在某一方面的失敗，就等同於整個人的失敗；既然成敗的決定性這樣大，怎麼教人不急躁、不恐懼呢？最要命的還是與別人比較，眼看別人超前那麼遠，雖然説比上不足，比下有餘，但我們偏偏只看上不看下；其實我們可能高估了別人的成果，忽略成果背後，其實也有不少困難、失敗和奮鬥。

其實人生彷似一場長跑，每個人都有自己的步伐、目標。跌倒了，要沉着忍耐，爬起身來；若不是站着不動的話，多走一步就距離目標近一步。

3.2 恐懼

恐懼是一個可怕的情緒，它不單是內心一種強烈的感受：口淡、身體顫動，連你的身體也告訴你，你在萬分恐懼之中，騙得別人也騙不了自己。

能夠克服踏出安舒區的恐懼，是成長的契機之一。心理學家 Susan Jeffers，在她的著作 *Feel the Fear and Do it Anyway*（就算懼怕也照做吧），寫下一些面對恐懼時的智慧之言。

- 只要我們繼續成長，恐懼就不會離開我們。
- 驅除恐懼的惟一方法是站出來——幹掉它。
- 在陌生的領域中，不單是我感到恐懼，其他人亦然。
- 惟一令自己好受一點的方法，仍然是站出來——面對它。
- 「闖過恐懼」比「遭恐懼掩蓋」好得多，這樣便不再受無助感困擾。

John Luckman 及 Reldan Nadler 在 *Processing the Experience*（處理經驗）一書中說得好，**若我們學習面對恐懼，與恐懼一同前進，我們會經歷到更多的突破和成功。恐懼這種情緒只是我們的參考資訊，不是前進的障礙。**這資訊就像我們駕車時，要知道自己的油缸是否有足夠的燃油、緊急制動器是否生效、輪胎的壓力是否足夠，或是車頭是否過熱；這些資訊供我們先作調節，繼續前行，而不是停車、折返。**恐懼不一定代表紅燈，告訴我們前面有危險，要停止、折返；它可能代表黃燈，叮囑我們小心前行。所以，我們要承認恐懼的存在**，讓我們深呼吸，然後向前邁進，忘記那些加深我們恐懼的自我對話，例如：

「我不能。」

「我不知道。」

「我是笨手笨腳的蠢蛋。」

「我要在一切事上成功、完美。」

「在人面前失敗是一件羞恥的事。」

「我做什麼事都不對勁。」

「我快要失敗了。」

「別人都看不起我。」

4. 如何運用成長邊緣的資源

根據 John Luckman 等人多年歷奇輔導的經驗，他們發現一個折返的人與一個突破的人，在邊緣經驗中的反應很不同。他們在情緒、生理狀態、防衛機制、信念、自我對話、人際支持以至內心的自我形象上，有不少差異（見圖三）。

新界線
可能性的區域
邊緣
安舒區
舒服和熟知
成功
突破
突破
成功
邊緣
邊緣
人際支援
自我形象
邊緣
生理狀態
情緒
成功
安舒區
成功
信念
防衛機制
邊緣
自我對話
邊緣

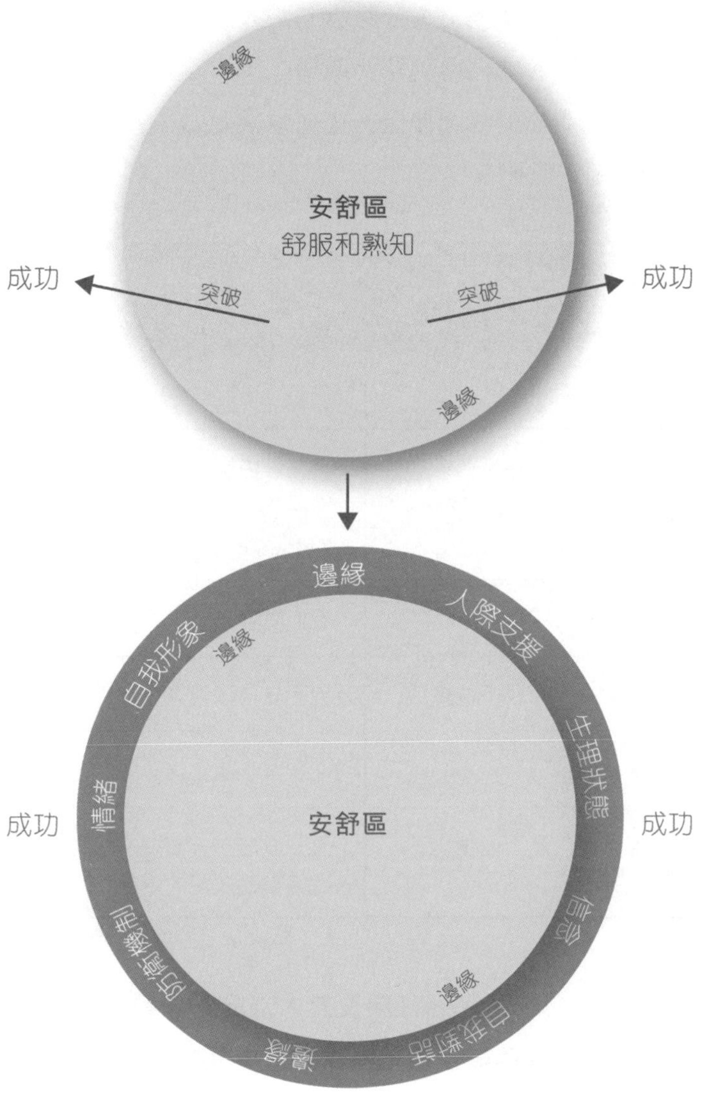

圖三 微觀邊緣經驗

Luckman 等人舉了一個例子：有一名年約三十歲的小型公司經理，剛獲晉升。他要管理二十多名下屬，在公司內外都多了演講的機會。在人面前說話是他最大的恐懼，透過多方面的努力、嘗試和別人的鼓勵，他終於能衝出過去的安舒區，接受這新挑戰。當他得到初步成功之後，回望自己過去的失敗和今天的成功，他發現能夠成功的最大原因，是他學習到站在人面前演講的時候，如何運用那邊緣的資源，現列表如下：

	舊的邊緣經驗	新的邊緣經驗
情緒	害怕及憐惜自己	滿足
生理	心跳加速，呼吸困難	慢慢深呼吸
防衛方式	逃避，等待，討好他人	向前邁進，冒險，取悅自己
信念	我有問題	我接受自己
自我對話	我會失敗，我不被接納	我不是一個壞人，他們喜歡我
支持	暴飲暴食	朋友及小組支持
心中圖像	看見自己是一個被排於局外的人	看見自己在人面前演講成功，在觀眾中有欣賞自己演說的眼神

從以上邊緣經驗的資源來看，**成長者大部分都要靠賴自己的努力，就是調校內心的取向，從消極轉為積極，將恐懼化作勇氣。**我們不能忽略身邊人支持和打氣的重要。在攀牆的歷奇活動中，有一個在後把繩索拴着的人，稱為 belayer，這個人除了提供安全保護和支持之外，他最重要的角色是鼓勵正在攀牆的人不要放棄。**在踏出安舒區時，身邊的鼓勵者是不可缺的。**

5. 如何成為別人的鼓勵者

心理學家 Don Dinkmeyer 提倡鼓勵的重要。**鼓勵是引發別人拿出勇氣的過程。當一個人受到鼓勵的時候，他會重新認識自己的能力，有足夠的信心去面對挑戰。**一個善於鼓勵別人的人，有以下四種素質：

5.1 接納現實

每個人的進度和景況都有所不同。一個善於鼓勵別人的人，會**接納別人的能力和景況**。他會按現實情況作出鼓勵，不會期望過高，也不會因對方進展緩慢而放棄。

5.2 對別人有信心

助人者有一個基本信念，就是**相信每個人都想做好**，都希望突破自我。只要肯付上努力，一定會有進步。

5.3 調校焦點

不少人對自己的強項和貢獻都不知道，往往低估了自己的能力。當我們作出鼓勵時，**要將焦點集中在對方的貢獻和強項所在**。當人感到被予以肯定時，便開始察覺自己的能力所在，有自信邁出新一步。

5.4 肯定對方

付出的努力獲得進步，比達到目標更為重要。一個善於鼓勵人的人，經常掛在口邊的話是：「你已有進步，方向對了，繼續努力就可以了。」**肯定對方付出的努力和進步**。我們很容易陷入追求完美的陷阱，往往看成果多於當事人的努力和進步。當我們對他們予以鼓勵時，他們便知道離目標漸近。

6. 踏出安舒區與冒險精神

以色列人的始祖亞伯拉罕是最偉大的冒險家。《聖經》記載，他要離開自己的本地、本族和父家，往上帝呼召他去的地方。他遵命出去的時候，還不知往哪裏去。踏出安舒區，到未去過的地方，需要冒險精神。所以，**若要不斷成長，訓練自己的冒險精神是十分重要的。**總結上文討論過的重點，以下是**學習冒險的建議**：

1. **從小的轉變開始**。嘗試一條回家或上班的新路線，改變一些生活上的小習慣。
2. **尋找一些新的、與過往不同而又具挑戰性的機會**，看看自己能否勇敢嘗試。
3. 為自己**定下一些目標**，冒險時也需要知道達到什麼目標。
4. **相信自己**的能力、努力以及可獲得的進展。
5. 視**失敗為成功的踏腳石**。
6. 找一些**支持**你踏出安舒區的同路人和鼓勵者。

個人成長習作

找一項你想突破自我的挑戰，並嘗試回答以下問題：

1. 要去冒險，有什麼吸引你的地方？你會得到什麼益處？
2. 這冒險有什麼可怕之處？有什麼阻礙你接受這挑戰？若不接受這挑戰，你要付上什麼代價？
3. 你若要冒險踏出安舒區，最壞的結果是什麼？
4. 若不幸的結果出現，你會如何面對？
5. 踏出安舒區之前，需要什麼資訊？
6. 誰會支持你？
7. 你可以做什麼來減低風險，不致沒有回頭路或勢不可擋？
8. 若你將這冒險性的挑戰，化作不同的小步驟，第一步是什麼？你何時能踏出第一步？第二步是什麼？你如何按部就班地前進？
9. 若完成了這項挑戰，如何評估這次行動？是否如你所期望？
10. 為成功而慶祝，給自己一些獎賞。

助人成長提示

1. 觀察身邊的年輕人，有什麼是他們想突破的地方，但又裹足不前？

2. 找機會給他們傾訴恐懼所在。

3. 讓他們從過去的挫敗經驗中站起來。

4. 在他們要踏出安舒區的邊緣時，你能提供什麼支持？你會如何鼓勵他們？試以邊緣資源的角度，幫助他們在情緒、生理狀態、信念等各方面，裝備自己，迎向突破時刻。

本章參考書目

李德誠、劉有權著：〈歷奇為本輔導初探〉，《突破通訊》（第二十二期），香港：突破出版社，1997。

Dinkmeyer, Don, & Losoncy, Lewis (1996). *The Skills of Encouragement: Bringing out the Best in Yourself and Other.* Delray Beach, FL: St. Lucie Press.

Hopkins, David, & Patnam, Roger (1993). *Personal Growth Through Adventure.* London: David Pulton Publishers.

Jeffers, Susan (1987). *Feel the Fear and Do it Anyway.* London: Arrow Book.

Nadler, Reldan S., & Luckner, John L. (1992). *Processing the Adventure Experience.* Dubuque, IA: Kendall / Hunt Publishing Company.

Tournier, Paul (1965). *The Adventure of Living.* Great Britain: Highland books.

6

我與環境：
閱讀、生活體驗與成長

成功的閱讀就是要主動閱讀。
不只因為閱讀本身是好的，
也不只因為它可以使我們
在工作或職業上有所進級，
最重要的是我們的心智因此繼續存在，
且繼續成長。

Adler, M.J., *How to Read a Book*

閱讀的成長．成長的閱讀（梁柏堅）

閱讀，於我是一件樂事。朋友來到我家，看見書房中堆堆疊疊的書，通常會現出一個驚訝的眼神，圈着嘴，然後說一句：「你沒有全看過吧？」

我當然沒有全看過。一書一世界，要把這麼多世界融入我的世界中，幾乎是不可能的。有些人以為閱讀只是一種思想交流，甚至是消閒玩意，可是我從沒有這種想法。為什麼呢？或許先說說我的故事，你會明白多一點。

閱讀旅程的起點

故事的開始，是童年時的某日，我在路邊攤檔，捨棄「超合金」玩具而取了《格林童話集》。由於「超合金」已付款，老闆說錢是不能退回的了，但我可以換回同等價值的東西。於是除了《格林童話集》外，我還選了《安徒生童話集》、《伊索寓言》等，統統都放進一個紅色膠袋。

當然，你不能期待一個小孩回答你，他為什麼會作出這個選擇；而我對自己當時的選擇，也說不出個所以然來。隱隱約約的，我覺得這樣做，好像是為了希望自己做些較有意義的事；「超合金」與書本，價錢即使相同，但價值卻顯然不同。現在回想這情景，仍極具象徵意義。

許多年後，我遇到一位補習老師。這位老師，當年是大學哲學系三年級學生，我當然不知道所謂哲學到底是念什麼，也沒放在心上。他整個人也令我印象深刻——他有點自負，自信十足；有點不羈，熱愛自由；有點藝術家脾氣，追求理想生活。

他當年買了很多書給我；事後回想，也不知道當中的某些書到底是不是適合仍在念小學的我。其中一本是黃春明的《莎喲娜拉，再見》。第一篇〈男人與小刀〉，故事主角到最後一邊想事情，一邊在口袋中把玩小刀，割脈後便死了。這一幕深印我的腦海。

他給我補習的方式也是與別不同。當時的老師，只知道給學生做練習、抄書、背誦；而他則要我每星期讀十數頁由「讀者文摘」出版的《神祕的大自然》、《古代的文明》。我也不知道，他為什麼認為我對這些書、這些題材會感興趣，但他是猜對了。這時候，書本對我來說，簡直就是開啟世界的鑰匙；而門背後的彼岸，是一個我不認識的世界，神祕，令我充滿好奇。

開竅的書

到我進大學哲學系之後，方知道自己正走在那位補習老師的路上。大學二年級的暑假，我和朋友一起到新疆遊玩。火車上，我讀完一本由一位天主教徒寫有關佛教禪宗的書《禪學的黃金時代》。當時我一邊看，一邊血脈沸騰，這份感覺我還清楚記得。翻過最後一頁，我即時興奮得從高架牀上跳下來，心情就像武俠小說中令狐沖學會獨孤九劍、張無忌神功初成，心內湧溢着一團火，很想發表自己的看法，很想告訴人——我開竅了。

其實我當時已是基督徒，只是較少到教會崇拜，讀《聖經》也不勤，對基督教信仰認識不多。我很明白，自己內裏有很多宗教需要，可是我卻很抗拒制度化的教會，也不喜歡教會僵化的信仰表達，信徒之間空談愛，卻沒有愛的活力。當時的教會不能滿足我的宗教需要。

《禪學的黃金時代》所揭示的宗教精神，正好切應我當時抗拒教會的關鍵。因為禪宗的核心精神，回應了當時複雜化的、僵化了的佛教處境，是一股返璞歸真的力量。這個頓悟沒有使我皈信佛教，卻令我更明白，在基督教信仰中，最關鍵的不是取得什麼宗教上的地位和成就、聚會次數多寡，而是越過種種外加的建制，直指人與上帝、與世界、與世人、與自己的愛的關係。

念哲學的師兄常說，每個研究哲學的人，都要找出他最關心的哲學課題。我後來慢慢發現，原來我一直關心的，都是宗教領域內的問題。讀《禪學的黃金時代》，最令我興奮的，或許不是多知道了佛教的種種，而是發現了我在終極關懷的旅途上，踏出了重要的一步，視野得到前所未有的擴展。

閱讀旅程的印記

由《禪學的黃金時代》開始，我對基督信仰的思考便沒有停止過。大學畢業那年的一個晚上，身在北京的我，捧着劉小楓的《走向十字架上的真理》，一篇一篇的讀，內心的翻騰再次湧現。我很記得那個晚上，腦袋飛快地轉，心跳得很快，書中提到的人事物都撩動我的心弦。我當時以為只要我把心中的意念寫下，便能放低腦際的思潮起伏，誰知這全不奏效。那一夜，我很疲累，也很滿足。

或許真是冥冥中自有安排，當我的生命來到某些關鍵時刻，我便有機會閱讀到某些書，然後開展出一條新的路。《走向十字架上的真理》向我指示着面前的方向——基督教不是教會四面牆內的教條，而是向世界宣告真善美的信仰，是抵抗邪惡的力量。因着我的終極關懷，因着我的信仰，因着我對信仰的詮釋，我跑到有基督教背景的出版社當編輯。

我認為，這正是我走上十字架真理的一種方式。

隨着年歲漸長，我的信仰體會，也隨着成長而加深，更影響我選什麼書來讀。約翰奈思比探討現代科技與人文世界關係的《高思維．高接觸》，德國當代神學家莫特曼描寫基督教信仰對社會批判的《被釘十字架的上帝》，成為了我這幾年閱讀旅程的路標。

這些路標，標誌着我的視野如何擴展，也記錄了我的成長路徑。有些人說閱讀一本書，就像與作者交朋友；但在我來說，閱讀更多是一個印記，是成長的印記。

1. 閱讀與成長

一個人的成長，需要在他身處的生活環境中，吸取足夠的養分。只是一個人的生活體驗，始終有其局限性，他不可能什麼地方都去經歷一下，也不可能不斷轉變生活形態，更不能什麼都要親身經歷。那麼，**閱讀正是一種可供我們吸取不同成長養分、豐富我們生命的媒介。**

王礽福先生在一篇文章〈讀什麼，就變成什麼〉中指出，影像媒介始終不能取代文字媒介，他這樣形容文字和書本：

「人生有很多的向度，至今仍有賴文字才能闡釋清楚：複雜的情感世界，需要細緻的文字來呈現；精密的理性世界，需要準確的文字來表達；奧妙的靈性世界，需要深邃的文字來啟示……書本，成了一張張的地圖，讓人尋幽探勝、按圖索驥，免入歧途、少走冤枉路；而一些千錘百鍊的好書，更成為地理座標、海上燈塔，讓我們超越時間與空間的限制，接通古今聖賢的心靈，以簇新的視野，觀照世道人心。」

培養一個人成長，包括感情、理性和靈性三方面，書本就能將這三方面刻劃得清楚透徹。書本也像一幅地圖，引領我們走成長的路。正因為我們不能事事都親身經驗，事事都想得通透明白，讀書就可以讓我們吸收古今人物的經驗和智慧，成為我們最好的啟蒙導師和嚮導。

另外，書本也可以成為我們內在精神不斷成長的泉源，**因為經常閱讀好的文章，會產生一個內化（internalization）的過程，書本的信息成為我們的一部分，永遠長駐心中，發揮強大的作用，使我們的內在生活更有意義和趣味，更加豐盈充實。**希伯來人熟讀自己的《聖經》——上帝的説話，也發揮着同樣功效，以下摘錄一些《聖經．詩篇》119 篇鑰句作為例子：

你的話是我腳前的燈，是我路上的光。(119 篇 105 節)

少年人用什麼潔淨他的行為呢？是要遵行你的話。(119 篇 9 節)

我將你的話藏在心裏，免得我得罪你。(119 篇 11 節)

你可曾讀過一些書，當中的信息或人物，到今日仍深深影響着你呢？

閱讀也是一種自我提升的工具，它告訴我們究竟認知了什麼。若將書本的內容和我們自己的生活作一對照，不難發現自己的不足，於是我們對「自我」的可能性會產生某些期盼，期待自己會變成怎樣。多看不同的書，就有機會建立不同的參考角度，我們就不用局限自己可以發展的潛能。中國大陸的作家王西彥先生，在他的《書和生活》中，有一段十分貼切的描寫：

「總之，我投身那個更廣大也更離奇的世界裏，去了解生活的無窮奧祕。我想了解的東西是這樣多，真是所謂『萬事萬物』，從天上繁多的星雲，到海底無窮的寶藏。世界實在太豐富、太廣大了，我能接觸到和經歷過的卻太少、太窄。我左顧右盼，驚慌失措。我有了一長串不眠之夜，不自量力地試圖思量許多朦朧不明的事理，彷彿自己是一個負有特殊任務的哲學家。在這樣的時候，就愈益覺得自己的視野過分狹窄，理解力也過分貧弱，特別是覺得自己從不曾如願以償地生活過。於是，我開始讀起書來。我讀小説故事，讀偉大作家們的長篇和短篇，渴望通過書本去理解生活，把書裏讀到的，和自己經歷或眼前發生的實際生活作對照，相印證。我想知道，那些前輩哲人是怎樣認識生活、理解生活的。我感到自己闖進了一個多麼新奇的廣大世界啊！我覺得自己一下子登上一處高坡，一下子又跌入一個深淵；有時好像吸進一大口新鮮空氣；有時卻彷彿被推進一個黑暗窒息的洞穴。情形愈是如此，我的渴望就愈強烈，追求就愈艱辛，而生活對我的誘惑也就愈益成為不可抗拒。」

2. 書房的容量代表你心靈的成長

每當到訪朋友的家或辦公室時，我都喜歡在他們的書房或辦公室的書架前駐足徘徊，看看他們心靈空間曾裝載過一些什麼；或是他們的成長歷程中，有哪些書本曾滋潤過他們。

回顧我自己成長的心路，總括而言，有四類書陪伴我成長。首先是有關信仰追求的書，當中亦可分為尋索信仰、神學理論、《聖經》注釋、屬靈操練等類。第二類是文藝書籍，這包括不少翻譯小說、台灣小說、新詩和散文等。第三類是有關文史哲的書，其中包括中國文化、哲學等。最後一類是與我的工作關係最密切的心理、成長、輔導學之類的書。

除了這四大類之外，我還閱讀某些專題書籍；由於我過去花了很多時間研究男性成長的課題，所以這方面的書最多。還記得當初要探討某個課題時，四處搜尋合適的書的那份迫切，以及尋獲後在其中得到真知灼見時的喜悅，實在沒法忘懷。

回想過去自己的寫作路途，可說是一段追求成長的歷程，每一本書的完成，除了結合自己在工作上遇到的真實個案、有血有肉的掙扎，以及個人生活的反省外，也是涉獵過無數有關課題的書後的成果，所以你也不難在我的書中，找到某些信仰、文藝書籍的影子。

我的每一個書架，每一本屬於我的書，都是我的一部分，所以說「讀什麼，就變成什麼」也是不無道理的。

嘗試檢視一下你的書房，那裏充滿什麼書呢？這反映了你的志趣所在，也反映了你自我形成的養分所在。當然，建造自己的書房是一個艱巨的過程，有

「書災」之虞；甚或因為一時衝動買下不會翻看的書。熟悉中國文化的作家余秋雨在一篇文章〈藏書憂〉中，對藏書與自我成全有很深刻的描寫：

「中國文化有着強硬的前後承襲關係，但由於個體精神的稀薄，個性化的文化承傳常常隨着生命的終止而終止。一個學者，為了構建自我，需要吐納多少前人的知識，需要耗費多少精力和時間。苦苦匯聚，死死鑽研，篩選爬剔，孜孜矻矻。這個過程，與買書、讀書、藏書的艱辛經歷密切對應。書房的形成，其實是一種雙向佔有：讓你佔領世間已有的精神成果，又讓這些精神成果佔領你。當你漸漸在書房裏感到舒心愜意了，也就意味着你在前人和他人面前開始取得了個體自由。愈是成熟，書房的精神結構愈帶有個性，愈對社會歷史文化具有選擇性。再宏大的百科全書、圖書集成也代替不了一個成熟學者的書房，原因就在這裏。但是，愈是如此，這個書房也就愈是與學者的生命帶有不可離異性。書房的完滿構建總在學者的晚年，因此，書房的生命十分短暫。」

3. 成長的書架上應有什麼書

「吾生也有涯，而知也無涯」，我們生在資訊爆炸的年代，互聯網上的資訊，取之不盡：一套大英百科全書也可以放進幾片光碟上，知識變得廉價，但擁有知識不等於懂得做人。

不少人已發現我們的教育制度目光狹隘，所以不少有心人積極提倡多元智慧、終身學習等理念，是可喜的現象。事實上，學問愈來愈專門化，在通識教育及人文學科上缺少鑽研開拓的工夫，是顯而易見的。然而這些正是個人成長需要吸取的養分，可是我們很多時只能在學校以外的一些非正規教育中，得到這些養分。

我們若要成長，有兩類書是不可或缺的。近年書店裏可以找到不少有關心理與成長，或普及心理學的書，這代表了人對自身的內心世界比以前更關注。**當中提到不少處世為人和待人接物之法，多加閱讀，可以為自我成長帶來不少裨益。**本書最後部分，列舉了我們舉辦個人成長課程時提供的書目，可以作為你的參考。

另一類書是文藝作品。**這些書籍可以調和我們的情感，提高志趣，宣泄抑憤，特別是小說，對個人的成長裨益最大。**一個讀者透過閱讀小說，會對一個課題建立具體經驗的認知，而不只是停留在哲理上的認知，小說所表達的、能留下來的影響和觸動，往往是難以用言語描繪的。

小說或文學對我們成長的用處有兩方面。第一，文藝作者是現實世界最佳的觀察者，他們將一些活生生的人物、他們的經歷和掙扎，活現在我們眼前，給我們參考和觀照。**第二，小說提供了不少人的世界觀或現實觀，可以給我們分析**，這些不同世界觀的分析和體會，能擴闊我們對人生的視野，加深對人的認同感和體諒。若大家曾看過戴厚英的《人啊，人！》，一定能夠認同。她透過多角度和內心的描寫，讓我們看到在「文化大革命」這個大時代下，人性美善和醜陋的一面。

在突破輔導中心辦成長課程的前輩詹維明女士，教授成長課程時有一個特色：學員會收到一份閱讀書單，在課程中一定要完成至少八百頁的閱讀。書單中不乏一些文藝小說、宗教傳記和心理成長的書籍。我也曾是她成長課程的學生，我在她提供的書目中，挑選了不少書本來閱讀，覺得對自我成長的裨益甚大。她也鼓勵我們看電影，**因為電影跟小說的作用相類似，可以擴闊我們的人生的視野。**

所謂：「一花一世界」，一本書、一套電影，都是一個個等待我們探索的世界。

下列是她建議的書目，給你作參考。你的書架上有詹維明女士建議閱讀的書嗎？你不妨挑選一些來閱讀，擴闊你的心靈空間。

突破輔導中心

培訓系列課程——成長課程閱讀書單（詹維明擬）

作者	書名	全書頁數	讀頁
(1) 三毛	《撒哈拉的故事》		
	《雨季不再來》		
	《稻草人手記》		
	《哭泣的駱駝》		
	《溫柔的夜》		
	《背影》		
	《夢裏花落知多少》		
	《蘭嶼之歌》		
	《清泉故事》		
小民	《春天的胡同》		
	《故都情懷》		
可叵（張曉風）	《幽默五十三號》		
	《通菜與通婚》		
杏林子	《種種情懷》		
	《另一種愛情》		
	《重入紅塵》		
	《感謝玫瑰有刺》		
林海音	《城南舊事》		
柏楊	《醜陋的中國人》		
梁實秋	《雅舍小品》		
諶容	《人到中年》		
戴厚英	《人啊，人！》		
楊牧谷	《家庭學狂想 1》、《家庭學狂想 2》（新版：《家庭學狂想》）		
羅乃萱、曹綺麗	《媽咪趣卜 Book》		
詹維明	《阿啦 OK》		

作者	書名	全書頁數	讀頁
(2) 丁松筠	《一個不像神父的神父》		
何義思	《誰掌管明天》		
蔡蘇娟	《暗室之后》		
程文輝	《失明給我的挑戰》(新版：《伴我同行》)		
滌然	《一場好哭》		
楊宓貴靈 (Isobel Kuhn)	《尋》(英文原名：*By Searching*)		
	《我成了一台戲》		
潘士諤	《血癌十年》		
王明道	《五十年來》		
司務道	《陝西羚蹤》		
	《荒原上》		
胡蘊琳	《祂握我手》		
韓寶蓮	《祂是！——韓婆婆傳》		
劉翼凌	《宋尚節傳》		
汪長仁	《事主一生》		
戴德生	《獻身中華》		
戴存義夫婦	《戴德生傳》		
蓋恩夫人	《馨香的沒藥——蓋恩夫人傳略》		
奧古斯丁	《懺悔錄》		
彭柯麗 (Corrie Ten Boom)	《密室》(英文原名：*The Hiding Place*)		
(3) 貝利約翰	《私禱日新》		
陶恕	《渴慕神》		
	《超然的經歷》		
慕安得烈	《絕對順服》		
德蘭修女	《憑着愛》		
Joseph Girzone	*Joshua*		
包約翰 (John Joseph Powell)	《為什麼我不敢告訴你我是誰》(英文原名：*Why am I Afraid to Tell You Who I am ?*)		
	《為什麼我不敢愛》(英文原名：*Why am I Afraid to Love?*)		
胡恩德	《桌前默想》		
滕近輝	《路標》		
周永健	《天光雲彩》		
史托斯 (Richard L. Strauss)	《聖經中的著名夫婦》(英文原名：*Famous Couples of the Bible*)		
Joyce Huggett	*Listening to God*		
	Listening to Others		
James Houston	*Intimate Friendship*		

作者	書名	全書頁數	讀頁
Brother Lawrence Paul Tournier	*Practice of the Presence of God* *The Strong and the Weak* *A Place for You: Psychology and Religion* *Learn to Grow Old*		
(4) 老舍 張系國 狄更斯 (Charles Dickens) 海明威 (Ernest Hemingway) Emiky Bronte Nathaniel Hawthorne 施耐庵 曹雪芹 劉鍔 葉萬壽等著 葉萬壽 區祥江 蔡元雲 James Kilgore Edwin Cole Gordon Dalbey Walter Trobisch Daniel J. Levinson Jean Lush Eugenia Price Jim Conway Jim and Sally Conway Jerry and Mary White Leanne Payne	《正紅旗下》 《皮牧師正傳》 《苦海孤雛》（英文原名：*Oliver Twist*） 《雙城記》（英文原名：*A Tale of Two Cities*） 《聖誕述異》（英文原名：*Christmas Carol*） 《老人與海》（英文原名：*The Old Man and the Sea*） 《魂歸離恨天》（英文原名：*Wuthering Heights*） *The Scarlet Letter* 《水滸傳》 《紅樓夢》 《老殘遊記》 《生之慾》 《自我形象與兩代之間》 《從未遇上的男性》 《男性的初夏》 《母子情・母子結》 《從未遇上的父親》 *The Intimate Man* *Being a Man in a Woman's World* *Maximized Manhood* *Healing the Masculine Soul* *The Misunderstood Man*（中譯本：《作大丈夫》） *The Season's of a Woman's Life* *Emotional Phases of a Woman's Life* *Mothers and Sons* *Woman to Woman*（中譯本：《寫給主的女兒》） *Men in Midlife Crisis* *Women in Midlife Crisis* *The Christian in Mid Life* *Crisis in Masculinity*		

閱讀範圍：每組書籍最少閱讀一本。

4. 閱讀與生活

雖然古人有云:「開卷有益」，面對品質優劣各異的書本，有時候真不知道如何選擇。或許一些如「中學生好書龍虎榜」或評論文章中推介的好書，可以幫助我們選擇一些優質的書來閱讀；否則，看下不少「垃圾食品」，實在有損個人心理健康。

此外，或許你也曾聽過:「盡信書不如無書」，或取笑別人是一個書呆子，好像在說我們不要完全相信書本所言，也不可只顧閱讀而與現實生活脱節。王西彥先生説得好:

「書是人類生活經驗的記錄、研究和總結，它使人在已有的經驗上前進，的確是『人類進步的階梯』。但它畢竟只是人類生活經驗的記錄、研究和總結，因此的確近於『觀念的框子』，在『保持新鮮』和『天天改變面貌』上，也就不能不遜色於生活本身。如果你相信書到了迷信的程度，拿書來代替對生活的直接研究，自然就變成了『書的奴隸』，久而久之，頭腦就會失靈，知覺就會遲鈍，因為在你和生活中間，橫隔着書這個『磚頭』，你的眼睛就將看不到生活中的真理。」

我相信成長的契機，是將我們的閱讀與生活體驗結合起來，互相參照。

余秋雨先生曾寫過幾本有關遊歷的書，就是將他多年對歷史文化的閱讀，與真實遊歷的體驗結合起來。他的書所呈現出來的成果和震撼，是每個讀過他文章的人不能否定的。他離開書房，悄然出發前行，是源於他內心長期埋首書本後的一種衝動。他在《文化苦旅》的序言中自問:

「我們這些人，為什麼稍稍做點學問就變得如此單調窘迫了呢?如果每宗學問的弘揚都要以生命的枯萎為代價，那麼世間學問的最終目的又是為了什麼呢？如果輝煌的知識文明總是給人們帶來如此沉重的身心負擔，那麼再過千百年，人類不就要被自己創造的精神成果壓得喘不過氣來？」

事實上，他遊歷了大江南北，不只開始了一次旅程，同時也踏出了他的心路歷程。在經過風塵僕僕的艱苦旅程之後，他不單反省中國歷史文化的沉重，也反省我們個人與文化的更新之道。歐陽子在一本評介余秋雨《文化苦旅》的書中，這樣總結作者整個旅程的收穫：

「其實，作者在文章開頭，就已點出了文章的主旨。他說：『任何一個真實的文明人都會自覺不自覺地在心理上過着多種年齡相重疊的生活，沒有這種重疊，生命就會失去彈性，很容易風乾和脆折。』不錯，無論是我們的個體生命，或是歷史文化的生命，都必須容許多種不同的年齡相重疊。是相重疊，而不是相交戰。不同年齡的生命，必須互相容忍，互相接受，進而互相補養！這樣，個人生命和文化生命，才能保持彈性，避免脆折，也才有可能『問津人類自古至今一直苦苦企盼的自身健全。』

作者說，他的旅程是『漂泊旅程』，所以，『每一次留駐都不會否定新的出發。』這說的是他自己的旅行，卻也暗示着人類的『保健』之道，更是暗示着我們文化走向的契機。」

我相信，余先生文化的根基若不是這樣好，他去到每一處時的內心反省也不會如此深刻，這是我們香港人常參加的「鴨仔團」式旅行安排所不能提供的。余秋雨先生的「文化苦旅」如是，我們成長的旅途也如是：將閱讀的事物與真實的體驗相結合。我們若不是多看別人的故事，了解多樣化的人生觀和世界觀，我們在生活體驗後的反思，就會有所欠缺。**只有閱讀和生活體驗結合，才能帶來更大個人成長的機會。**

個人成長習作

1. 在本書提供的書目中，選取一些書本來閱讀，讀畢後回答以下問題：

    (a) 這本書對我的自我認識加增了什麼？

    (b) 書中有沒有一些可以讓我學效的人或事？

    (c) 我是否認同書中對人生或世界觀的描寫？我跟他們有什麼不同？

    (d) 閱讀後，我對身邊人的體諒和同理心，有沒有增加？

    (e) 書中的人物或該書的作者，告訴我有關人生一些什麼重要的功課？(例如：何謂快樂和滿足的人生？人生中最重要的是什麼？怎樣才算沒有枉過一生？)

2. 試在繁忙的生活中，加插一些遊歷的體驗，到不同的地方，跟不同的人交談；甚至停留在另一個文化世界，生活一段日子，擴闊自己的生活領域和眼界。

以下是 John Gardner 在 *Self-Renewal: The Individual and the Innovative Society*（自我更新）一書中，分析為何旅遊能開闊我們的視野。當你有機會旅遊時，不妨驗證一下他的觀察。

隨着我們日趨成熟，我們逐漸收窄我們的視線，減少生活的多樣性。在眾多我們有志追求的興趣中，我只能停駐其中幾種。在眾多我們想接觸的人中，我們只能選擇幾個來結交。我們自困於既有的關係網絡，做事方法一成不變。

時光荏苒，我們環顧熟悉的環境，新鮮感愈來愈少。我們已提不起勁，細察每天遇見的臉孔，或日常生活中遇到的事物。

所以，旅行能令我們大多數人感到耳目一新。在自己的地方，我們已失去觀賞眼前事物的能力。旅遊驅走了我們的冷漠，使我們重獲那份能使經驗更強烈的專注能力。要在旅行中感到愉快，可以有很多途徑，而其中一樣，肯定是我們重獲孩童時尚未受損的覺察力。

助人成長提示

1. 選擇一些適合年輕人的書，送給他們，或向他們推介。有機會時，嘗試分享你的閱讀心得，或與他們分析你或他們的看法。

2. 幫助年輕人將閱讀的心得化作生活應用。

3. 不要即時解答年輕人的問題，讓他們從書本中尋找答案。

4. 組織閱讀興趣小組，提倡閱讀風氣，可參考一些推介有益閱讀選擇的刊物。你也可以在羣體中，設立獎勵閱讀計劃、舉行讀書報告比賽等。

本章參考書目

渡部昇一著，李永熾譯：《知識生活的藝術》，台北：牧童出版社，1977。

楊牧谷著：《讀書這玩意兒》，香港：明風出版，2005。

余秋雨著：《文化苦旅》，台北：爾雅出版社，1992。

歐陽子著：《跋涉山水歷史間・賞讀「文化苦旅」》，台北：爾雅出版社，1998。

何德勒等著，張惠卿編譯：《如何閱讀一本書》，台北：桂冠圖書股份有限公司，1984。

梁實秋等著：《名家談讀書與自修》，香港：文藝學社，197-。

費迪曼著，李映萩譯：《一生的讀書計劃》，台北：志文出版社，1975。

王西彥著：《書和生活》，廣州：花城出版社，1981。

王礽福著：〈讀什麼，就變成什麼〉，《宣道出版社通訊》，第三十一期，2000 年 3 月。

Gardner, John (1981). *Self-renewal: The Individual & the Innovative Society* (Revised Edition). N. Y.: Norton.

Ryken, Leland (1979). *Triumphs of the Imagination: Literature in Christian Perspective.* Illinois: Inter Varsity Press.

7

我與他人：
從無條件的接納到自我接納

最健康的一種自我接納，
可以用以下的說話來表達：
這就是我與生俱來的，
這就是我的樣貌，
我擁有的就是這些東西。
在我能力所及的，
我會改變，
但我會接受自己不能夠改變的。
我會盡力將自己能發揮的，
做到最好。

Don Hamachek, *Encounters with the Self*

自我接納之旅（Vivian）

一口氣看完三年多前寫的「心情之旅」週記，猶在心中蕩漾的，是那份溫暖窩心的感覺。對我來說，「心情之旅」不是一本記載情感和軼事的普通週記，它記錄了鼓舞我成長的人際關係和對談；甚至可以說，它記下了我體會被愛、被接納、被尊重的個程。

三年多前，我仍在神學院修讀輔導教育碩士課程。因着課程的要求，我們每個學員，都需要到輔導員那裏進行每週一次的面談，至少見面四十次。我想不少人都會感到奇怪，我們是修讀輔導的學生，不懂得自我輔導嗎？幹嗎要別人來輔導自己？我起初有這種疑問，但自從我跟輔導員余太太見面後，就明白學院這樣的安排，對我的生命成長是何等重要！

輔導員的輔導員

第一次見面時，余太太給我的感覺是冷靜、慧黠、表情不多，眼睛總是專注地看着我。起初見面那天，我也不懂如何反應，只有竭盡所能的介紹自己。就這樣，第一次面談結束了。

第二次見余太太，我決定主動出擊，問她我們接着要談什麼。她說：「你喜歡談什麼就談什麼吧。」那一次的感覺真好，我在「心情之旅」週記這樣寫下：「我就像個飛機師，愛飛到哪裏就說到哪裏，真棒！」我實在很喜歡「自由空間，任我飛翔」的感覺，這可能與我的性格有關。

從此以後，我們每星期見面一次，談過我的成長歷史、家庭、人際關係、神學院軼事。每次談的主題都不同，而且話題都由我決定。不過余太太真不愧為資深輔導員，不多久，我已感到她像很了解我，甚至連我自己看不到的脆弱，她也能看穿！

記得有一次，我遇到一些挫敗，家中又剛巧出了一些狀況，令我飽受壓力，日常的學習和教會的服侍工作都表現不好，心中對自己有很多不滿。那一次和余太太見面，我遲到了十多分鐘，一坐下來，便不想說話。

余太太首先開腔：「你最近好像不大對勁。」我歎了一口氣，眼淚已湧了出來，我哭着說：「我討厭自己，覺得自己無用，不想見到自己這個模樣！」余太太雖然沒有即時回應，但我感到她的眼睛溫柔地看着我，視線半秒也沒有離開，我心裏明白，她給我機會盡情地哭。我已忘記那一趟自己哭了多久，但卻感到既暢快又安全。她怎樣回應，我都忘記了，只知道她明白我的處境，而且無論我的狀況如何，她都肯定我的價值。

另一次會面，也令我畢生難忘。那天我正興高采烈地描述，我參加中學同學聚會時，遇見曾追求我而被我拒絕了的男同學。我說得歡天喜地，她卻突然說了一些話，一語道破我心中複雜的情緒。我即時沉默了，眼淚緩緩地在面頰上淌下。

飛機師的嚮導

回想起那情景，感覺竟如此強烈，我也沒有察覺深藏在心中的感受，原來是這樣複雜。自此，我對自己內心的幽暗面多了一點敏銳；每當我迷路，余太太就彷彿成為了我這個「飛機師」的嚮導，甚至當我無法接受自己內裏的某些部分時，她會鼓勵、引領我探訪這部分的自己。

對我來說，這些陰暗面就如隱形的密室，我不大想知道內裏乾坤，也害怕別人到訪。這密室藏着我的自私、嫉妒、自卑和脆弱的自我，有時我也討厭它，因為我相信其他人不會接納它。

在後來的面談中，余太太通常會先到我這個密室裏面，安然地了解、體諒和接納這部分的我。我常常因得到她如此安然的接納而感動。她使我有勇氣和力量，去接納和珍惜自己；她的諒解也激發我探索這些心結背後的成因。她給我一個寶貴的機會，去重新了解、認識、接納和開創自己。

同行一年多，我和余太太已經建立起一份特別的感情和關係。之後，偶爾她放假，我們有數星期沒有相見，我的心總期待可以快些見面；因為在一個願意接納自己的人面前，我得到一份「絕對」的安全、自由和可靠，我可以在其中探索和發掘自己。這個自我成長的過程，是有趣而且令人興奮的。

感激遇見

日子隨着一次一次的面談過去，在第五十三次面談中，我要跟余太太說再見了。那一次，我帶了三件寶貝去見余太太，第一件是我和家人、好友一起拍攝的畢業照，第二件是那本只有我和她看過、共同參與建構的「心情之旅」週記；最後一件，是我在前一個晚上，特別為她發揮「有限創意」而製作的「多謝卡」！

那天下午，我們坐得特別近，逐一檢視這些「寶物」，看着、說着：「噢！他們就是你的父母！聞名不如見面……」我還記得，在她看這本「心情之旅」時，很用心地翻了幾篇，然後微笑着說：「唔！這本週記很珍貴啊！你要好好保存！我可以在最後一頁寫些東西嗎？」結果，這本「心情之旅」的最後一頁，記下了這樣的一段說話：

親愛的 Vivian：

很高興過去為你輔導，除了看見你的成長、改變，也高興看到你更多喜歡自己和你的家人。

願以後的日子，你仍充滿着快樂的心和智慧的靈，去愛和服侍上帝、服侍人。

很高興認識你和你的家人，你們也帶給我很多喜悅。

余太太
一九九八年七月

最後，我對她說了一些感謝的話，送她「多謝卡」，然後她把手輕輕搭在我肩膀上，徐徐地送我離開了輔導室。

這一段與輔導員的關係，給我對人生和信仰很大的啟迪。過程中，她並不完全認同我的處事為人，但她卻用心地明白、體諒和接納我的本相及陰暗面，間接給我一份自由和安全去探索自己。我想，愈是深層的內心世界，就愈敏感和脆弱，所以更需要以「接納」的鑰匙去開啟這一度門。

余太太對我持久的關愛和接納，令我想起上帝對人的愛，就是不論任何情況，也不論人的表現，也定意去接納、寬恕和持久地愛。余太太對我所表達的，對我來說正是上帝對我的愛的具體行動；而當我體會到，尊榮的造物主也願意降卑，肯定和接納人的價值時，我才能真正開始懂得從心底裏尊重和接納別人。

衷心感激余太太陪伴我走這段路，在我當輔導員的生涯中，她成為一個可以學效的榜樣，也成為我的良師益友。謝謝你，余太太！

1. 自我接納的重要

自我接納（self-acceptance）或自我尊重（self-respect），是一種發自內心的信念，相信自己是完整、有價值的。一個自我接納的人，擁有一份安全感，讓他感到滿足、可以與人建立親密關係或獨處。

一個自我接納的人，對自己的能力有自信，卻不傲慢。對於自己是一個怎樣的人，他感到釋然；他的自我價值不容易動搖，甚至肯嘗試幹一些自己不太勝任的事。他也不需要以「抬高自己，看低別人」的手段，來建立自我。

一個自我接納的人，是一個獨立、自然流露和自我尊重的人。他做很多事情，都是發自內心，不需要倚靠外在的肯定，也不需要為了討好別人而做或不做某些事情。

一個人有了這份自我接納，可說是為成長的階梯奠下重大基礎。他可以像一隻青鳥，任意翱翔；他的成長天空，非常廣闊。

然而，可悲的現實告訴我們，能自我接納的人不太多。或許你可以嘗試回答以下的問題，看你自我接納的程度如何？

有關自我接受程度的問卷調查

1. 你有否為你的能力或成就感到尷尬？ 是 否
2. 你會否把自己應得的讚譽歸給別人？ 是 否
3. 你會否抬高本應與你同等或比你低微的人？ 是 否
4. 你是否無法堅持你本身一向所堅信的事和物？ 是 否
5. 當你犯錯時會否感到沮喪？ 是 否

6. 你是否容易被其他人弄得沮喪？ 是 否
7. 你是否有一個令你感到不自然的暱稱？ 是 否
8. 你會否倚賴其他人去加強你的意見的説服力？ 是 否
9. 你是否認為別人不會覺得你有吸引力？ 是 否
10. 你會否認為別人對你好是出於善心或是有其他隱藏的企圖？ 是 否
11. 你會否因為害怕影響別人對你的看法而不敢説不？ 是 否
12. 你會否因為害怕把事情弄大而敢怒不敢言？ 是 否

以上的問題，答「是」愈多，就代表你自我接納的程度愈低。

2. 不安何處來

我們可以從一個人的不安全感（insecurity），看出一個人缺乏自我接納。他通常在童年時，得不到父母的讚賞；感到父母對自己的接納是有條件的；有很多事情，父母都不允許他去做；他經常覺得自己是骯髒、懦弱或沒有價值的。

一個小孩子，意氣風發地向父母顯示自己自豪、得意的傑作，卻遭到父母批評、不予理睬；甚或只是看一看卻沒有表示欣賞，在小孩子的心中，會留下不少羞恥和不安的感覺。有些人甚至説：「我們人性的完美，大部分是被後天經歷所摧毀。我們的人性，在搖籃的日子已被侵犯。我們從父母認識自己的名字和本性，但他們能教曉我們什麼？試問哪一個家庭的愛，不是與我們的自然渴求背道而馳？」

我們的父母，畢竟是不完美、有情緒困擾和限制的人。**所以，一個沒有安全感的人，惟有找到一個願意無條件接納他的人，才開始重新找到那份成長的自由，學懂珍惜自己、愛自己和改善自己。**

3. 無條件接納的威力

人文主義心理學家 Carl Rogers，可說是提倡無條件接納這信念的表表者。他發現：

「我若更多地接納和理解那人，我就更能創造一份他可以運用的關係。接納是一份帶着溫暖的尊重，相信那人有一些無條件的自我價值——不論他的景況、行為或感受如何。這代表一份尊重和喜歡，尊重他是一個獨立自主的個體，他可以擁有獨特的感受；也尊重他此時此刻的態度，不論是正面還是負面的，不論這與他過去的態度有多矛盾。接納這人的搖擺不定，給他一份溫暖和安全感，他不用擔心個人不被珍惜。」

「當達到這情況，我便成為那人的同路人，陪伴他穿越驚恐的繩索，而現在他已有這份自由踏上。」

《聖經》也有一則相類似的事件，是有關一個行淫時被拿的婦人如何被接納，以至後來重新做人的經歷。

文士和法利賽人帶着一個行淫時被拿的婦人來，叫她站在當中。就對耶穌說：「夫子，這婦人是正行淫之時被拿的。摩西在律法上吩咐我們，把這樣的婦人用石頭打死。你說該把她怎麼樣呢？」他們說這話，乃試探耶穌，要得着告他的把柄。耶穌卻彎着腰用指頭在地上畫字。他們還是不住地問他，耶穌就直起腰來，對他們說：「你們中間誰是沒有罪的，誰就可以先拿石頭打她。」於是又彎着腰用指頭在地上畫字。他們聽見這話，就從老到少一個一個地都出去了，只剩下耶穌一人，還有那婦人仍然站在當中。耶穌就直起腰來，對她說：「婦人，那些人在哪裏呢？沒有人定你的罪嗎？」她說：「主啊，沒有。」耶穌說：「我也不定你的罪，去吧，從此不要再犯罪了！」(《聖經．約翰福音》8章3至11節)

原來不被定罪與不再犯罪，是緊扣的。**一個人被接納的時候，他就有那份改變與成長的動力。**

4. 成長動力源於人的內心

幫助年輕人成長的青少年工作者，在助人成長時要有以下信念：

- 成長的動力源於成長的人的內心；
- 成長的動力是從內而外（inner-driven）引發出來的，並不受外在條件控制；
- 成長的動力是透過一個「成長的促進者」（growth promoter）的接觸和引導而產生出來的；
- 這個成長的促進者以自己的真我待他，無條件地接納他，以建立受助者的成長及心靈健康為目標。這行動不帶侵略性，只為受助者的好處，如此才能引發受助者內心成長的動力，跨越成長的阻力，邁向成熟。

所以，當我們成功地引導一個年輕人成長，不應沾沾自喜。我們只是作他的同伴，為他提供一個安全的環境，讓他自我探索而已。**真正叫他成長的，是他自己內心的那份動力；而這份動力，是上天厚賜給每個人的。**

5. 助人成長者的角色

心理學家 Moustakas 用了三個詞語，描寫助人成長的關係的不同面貌：進入（being in）、支持（being for）、同行（being with）。

進入（being in）

願意進入成長者的內心世界，對他的思想、感受抱開放的態度，不論他表達什麼，都完全不帶批評、分析或評估，讓成長者感到被擁抱和接納。

支持（being for）

成長者感受到助人者是自己的盟友和擁護者，得到他的支持；成長者願意不斷探索未知的前路，因為他知道有一位經驗豐富的嚮導引導他。

同行（being with）

一種尊重人與人之間差異的基本態度。無論我們怎樣進入成長者的世界，成為他成長的催促者，彼此之間仍然有基本的差異。雖然兩人能一同分享和探索，但有時候彼此的觀點會有不同。不過，這也是一個機會，讓成長者從助人者中分別出來，找到自己的真我。

6. 如何表達接納

表達接納的最具體方式，是在成長者表達自己內心的掙扎和感受時，作出適當的回應。因為感受是最個人和最原始的東西，流露出來的時候，是最脆弱和最容易受傷的。記得有一次，我在人面前分享了一些成長的挫敗，後來側聞其中一位長輩取笑我小題大做，那麼「小兒科」的事情都感到難於啟齒，真是可笑。那份不被肯定和接納的感受，今日記憶猶新。

所以，我們要把握這些寶貴的時刻，**就是當年輕人分享他們的掙扎和感受時，我們表達接納，他們就慢慢學會自我接納。有了自我接納，那麼成長的動力就有機會引發出來。**

接納另一個人的感受，可以用以下的步驟來說明。

（一）**承認**（acknowledge）成長者的感受存在。

（二）**接納**（accept）成長者的感受沒有好壞之分，是他內心的真實流露。

（三）成長者**有權**（entitled）擁有和表達這些感受。有一些人會羞於表達某些感受，例如：憤怒、喜樂，他們認為自己不配擁有這些感受。我們要讓他們感到表達感受的權利。

（四）**確認**（validate）成長者的感受。我們要他們知道，如此表達感受是合適和有需要的。例如，我們可以回應說：「你在這情況下有這樣的情緒反應，是很合理和可以了解的。」這樣，成長者的經驗就得到肯定，知道自己也需要認識怎樣對待自己。

這樣，成長者的感受在不被忽略、輕看的情況下，便**感受到自己的價值所在，逐漸達到自我接納**，這正是一個人的成長契機所在。

個人成長習作

1. 回想一些被接納的經驗：是哪些人接納你？他們有什麼特質？他們在你身上作了什麼？那份被接納的感受，有沒有化成一些成長的動力？你因此有什麼成長和改變？

2. 用「有關自我接受程度的問卷調查」（頁 138-139）作自我檢查。

   在那些答「否」的問題中，有哪些項目是你經常未能克服的？嘗試回想尋索有什麼不被接納的經驗，與這些項目有關。你會怎樣改善這些自我接納較弱的項目？你能否接納自己這些項目未達理想？

3. 能接納自己，是接納別人的基礎。別人有什麼感受和掙扎，你覺得很難接納？嘗試找一些長者傾談或處理。

助人成長提示

1. 在你幫助年輕人成長時，嘗試應用 Moustakas 助人成長的三個進路。在下一次與年輕人談話之前，寫下你的表達：

   進入（being in）：

   支持（being for）：

   同行（being with）：

2. 若年輕人向你披露一些內心深處的掙扎和感受，嘗試觀察自己能否做到接納他人感受的幾個步驟，包括：a. 承認、b. 接納、c. 給予權利、d. 確認對方感受。同時觀察在你傳遞了這份接納後，那個年輕人的自我接納有否增進。

本章參考書目

Anderson, Ray (1990). *Christians Who Counsel: The Vocation of Wholistic Therapy.* Pasadena, CA: Fuller Seminary Bookstore.

Howe, David (1995). *On Being a Client: Understanding the Process of Counseling and Psychotherapy.* London: SAGE Publications.

Kahn, Michael (1991). *Between Therapist and Client: The New Relationship.* N. Y.: W. H. Freeman and Company.

Moustakas, C. (1995). *Being-in, Being-with, Being-for.* Northvale, NJ: Jason Aronson.

Nicholas, Michael (1991). *No Place to Hide: Facing Shame So We Can Find Self-respect.* N. Y.: A Firesick Book.

Rogers, Carl R. (1986). *On Being a Person: A Therapist's View of Psychotherapy.* London: Constable & Company Limited.

8

我與他人：
從羣體中區分出來

這是我？這不是我？
我認同這些，我不認同那些⋯⋯
我們就在這些自我提問中，
將自己區分出來，
成為一個獨特、有個性、有自我色彩的個體。

區祥江

我在屋邨長大（區祥江）

我想香港有不少人是在屋邨長大的；我也不例外。還記得十四歲時從狹小的石屋搬進坪石邨時的興奮，一住就是十五年。那段時間是自己成長的重要階段，對自己的人格確立有很深遠的影響。

屋邨生活的其中一個特點，是它的開放性。早期的屋邨不能安裝冷氣，大部分居民日夜都大開中門，人與人的接觸也相應增加。有一些屋邨的結構更是「門當戶對」，隔着一條走廊，對面鄰居的日常起居、生活作息，一目了然。當我們與周遭的人有這麼多的接觸，或深或淺，他們的反應告訴你——他們喜歡你什麼，不喜歡你的什麼。

在屋邨裏，不難找到年紀相若的友伴；我們的父母也很會利用那些年紀相若的孩子，作我們行為的尺子。鄰家的孩子如何學壞、另一家孩子如何勤力讀書、考進大學；當父母經常談及這些例子，我們自然在心裏將自己與他們比較，我們對自我的醒覺就會提高，然後漸漸分辨出來，自己有什麼是與人相似，有什麼是獨特、與別不同的。

屋邨裏的流行玩意，流傳得特別快。一個人開始玩「搖搖」，不出一星期，全條走廊的孩子都手握一個。你若不跟潮流，與別人分別出來，你就開始發現自己獨特的地方。這個與別人分別出來的場景，是私人樓宇的生活很難提供的。

正因為屋邨生活的開放性，每家人的生活就像一場場戲劇般供我們觀看，對我們產生一種「昇華」作用。就説「自我」的某部分，本來不敢浮現，一直被壓抑着，但看到別人的故事，這部分會得到釋放。例如，我看到一些家境貧窮的同輩，如何以半工讀完成學業，實現自己理想的奮鬥故事，會讓我在探索自我時帶來很大迴響，知道自己並不孤單，有很多人正走在同一條路上。難怪很多描寫屋邨生活的寫實劇，帶給我們這麼大的共鳴，你還記得劇集《獅子山下》、《小時候》嗎？我們不難從中找到自己的影子。

雖然我已經離開屋邨生活多年，有時也會想起一些鄰舍的臉孔——他們正探索着怎樣的路呢？

擺脱屋邨印記

從石屋搬到屋邨，再搬到私人樓宇，到住進高尚住宅，似乎象徵着一個人經濟起飛的奮鬥過程。離開一個較低下的生活環境，到比較舒適的地方，意味着我們擺脱貧窮。所以居住環境可説是身分象徵。

難怪屋邨會成為與我們糾纏不清的傢伙 —— 一方面，它是我們生於斯，長於斯的地方；另一方面，卻是我們很想擺脱的身分象徵。

回想自己也經歷過這樣一個成長過程。少年時代初搬入屋邨時，由百多平方呎的石屋，搬到三百多平方呎的屋邨單位，感覺世界變得非常寬闊。我還記得睡在那張新「碌架牀」的新鮮感覺。屋邨內的公園、乒乓球桌是我的新天地。年少的眼睛看屋邨，屋邨是美好的、是十全十美的。

後來升上中學，自己的社會觸覺提升了，社交圈子擴闊了，看到一些同學的生活水平比自己高：他們有的住寬敞的私人樓宇，有的父母有私家車。自己眼中的屋邨也開始變樣，感到屋邨的空間很狹窄，更對公共屋邨居民的公德深感不滿。臨近公開考試，更恨不得脱離嘈吵的居住環境，專心讀書。

到了今天，自己對屋邨的生涯開始看得比較中肯。有人將大地比作母親，我想屋邨也像我們的母親。當我們長大了，才懂得視母親為一個完整複雜的個體，接納她有自己的歷史，有自己的難處。當我不將她看作全好或全壞時，我便能與她保持一段較健康的情感距離，這也是自我成長的標記。

我想，一個人自我成熟的其中一個指標，是他能看出事物的「黑白兩面」。屋邨生活有它好的一面，也有一些不理想的地方。看得合乎中道才不致將事物黑白分割，截然二分。

當我們曉得合乎中道地欣賞和評價屋邨，也許是我們學習調校自我與其他事物之間距離的機會，這當然包括與身邊人的關係。當我們與過往一段屋邨歷史不再糾纏不清，這也象徵了我們更進一步的「自我確立」。

1. 在羣體中成長

人不是孤島，我們不能從羣體中抽離去生活。**一個良好的羣體生活，不單使我們感到一種與他人的連繫，更供給我們一個成長的園地**；人際疏離則是現代人心理困擾的最大主因。

我們從出生到長大成人、進入社會工作和建立自己的家庭，都是在不同的羣體中進出。第一個最親密的羣體是家庭，家庭給予我們一個穩固的基礎，我們在其中學習到自己的性別角色與責任，學習與兄弟姊妹既和睦共處，亦健康地競爭。父母能否給我們一種健康的情感連繫（emotional bonding），是這階段最重要的基礎。

第二個羣體，是幼稚園的生活吧！我們離開熟悉的家庭，進入一個有很多小孩子的世界，與他們一同唱歌、遊戲；學習遵守學校的規矩，在遊戲中學習羣體的合作、遊戲規則、社交技巧等。接着就是不同的學校生活，小學、中學、大專。在不同的階段裏，我們亦有不同的學習。小學期間，我們學習在學業上與同學競爭，在小息時與不同的同學交往，課餘時建立友誼。在中學的課餘活動中，我們開始發展個人興趣；朋輩的影響亦多了，開始追求潮流文化等。大專是我們追求事業興趣及異性的階段，社交技巧也漸趨成熟，對社會的認知也擴闊了。

工作的世界是另一個很大的羣體，面對公司的文化與同事上司間的關係，學習與人合作、在隊工中發展自我等。然後，可能我們會組織自己的家庭、養兒育女，建立自己家庭的文化和羣體生活。這就從家庭到學校、社會，然後歸回家庭，完成了一個羣體進出的循環。

當然，以上只是對不同羣體的檢視，**在不同的羣體生活中，我們會有各種成長和學習，同時亦能找到使我們在羣體生活中得到成長的共通元素。**

2. 羣體生活的成長元素

近數十年，輔導的需求比以前大了，據基督徒輔導大師 Larry Crabb 的觀察，他認為在我們的文化背後，心理失調是人對羣體生活渴求的呼喊。一個受傷的心靈（damaged psyche）並不是問題的核心，問題在於一個疏離的靈魂（disconnected soul）。難怪在這疏離的都市中，小組輔導工作應運而生。在小組輔導中，小組的組長（輔導員），藉其輔導訓練，營造一個安全、較少殺傷力的環境，讓組員在小組中接觸和學習。

這種小組跟現實的羣體生活，有相當程度的分別。在小組輔導中，我們能辨別出不少幫助人成長的元素，我們稱之為小組中的治療功能（curative factors in group）。林孟平在《小組輔導與心理治療》中，有很詳盡的討論，我從中選取了一些在日常羣體生活中，有可能發生的元素，與大家分享。或許，**我們在自己身處的不同羣體生活中，多灌注這些元素，可以為當中的人，帶來很多成長機會。**

2.1 灌注希望

在羣體生活中，我們不難看到別人奮鬥的故事。別人的努力和進步，對在成長中掙扎的我們，起着很大的鼓舞作用。**當看見別人可以克服生活的困難，我們也驟然對自己產生了希望。**

2.2 同坐一條船的感覺

我們經常有一種錯覺，就是相信自己的問題和經歷很獨特，而且不容易解決。當在羣體生活中，**發現有另一個人的掙扎與自己的相似，我們便立刻感到在人生的戰場上，有了並肩作戰的夥伴**，能幫助我們跨越自憐和無助的感覺，並能在同路人的鼓勵下，掙扎成長。

2.3 認清盲點

羣體生活中，若能彼此給予真誠回應的機會，我們可以更清楚認識自己。

或許大家曾聽過「祖氏之窗」（Johari's Window）（見圖一）吧，當中提到有不少東西是「人知、己不知」的，我們稱之為盲點。**若有不同的人客觀和真誠地指出我們的盲點，他們就會成為一面鏡子，讓我們照清自己的真實情況。這也是我們的成長契機之一。**

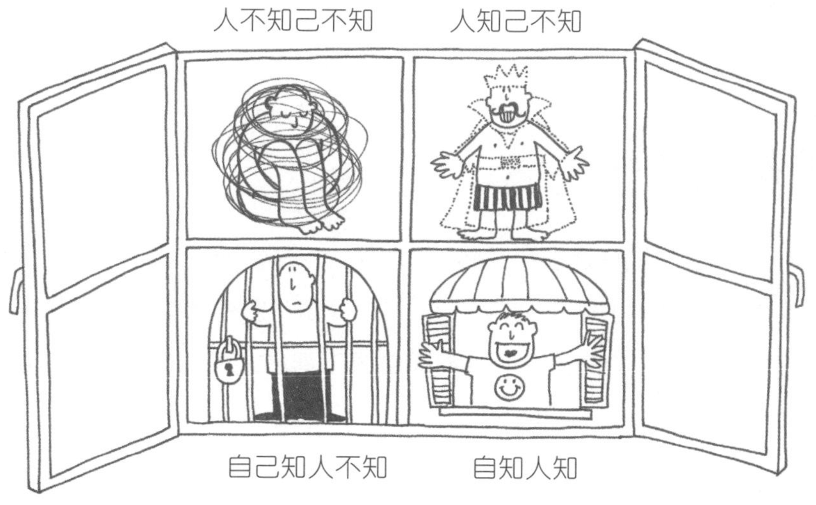

圖一 祖氏之窗

2.4 家庭關係重整

羣體生活中，我們會不自覺地將自己本源家庭（family of origin）的相處模式，投射在羣體生活中，正如林孟平在書中舉出的例子，組員在小組中看到自己家庭的動力：「有些人在小組中看到自己和父母的關係。而我，最重要的是看到自己和哥哥之間的競爭原來如此劇烈。其實早就想知道我為什麼和那些較我年齡稍長的男性經常難以建立關係，我經常覺得他們看不起我，結果產生衝突。」這也是我在〈清理未了結的帳〉那一章提及的移情作用。**羣體生活成為我們重訪那些關係的動力，讓我們可以處理或清理它。**

2.5 找到仿效的對象

在羣體生活中，不難找到一些我們欣賞的、希望學效的對象。在不同的羣體生活中，我們的父母、學校的老師、社團的領袖，**這些人物可説是我們的模範，都是我們仿效的對象。**透過生活交流和觀察，我們便能為自己定下一些成長的目標。

2.6 發展社交技巧

在羣體中我們可以遇上不同的相處對象，有些是長輩、有些是我們的後輩。平輩中有競爭的對象和夥伴之分，在長輩中亦有權威人物和慈祥人物之分。在這些錯綜複雜的關係中，**我們學會跟不同的人相處，這也是羣體生活多姿多彩和富挑戰性的一面，也提供了不少成長的機會。**

3. 自我區分的進程

不過在羣體生活中，除了以上的助人成長元素外，也有一個進程，是幫助我們確立自我的。雖然不同的心理學派用不同的術語來形容這進程，但大多數心理學家都同意，這是一個重要的發展任務，稱之為「自我區分」(differentiation of self)。這不單指**一個年輕人要學習離開父母，建立自己獨立穩健的人格；事實上，在不同的羣體中，我們都經歷類似的心理進程。**

以下我列舉一些相近的概念，它們都是與自我區分的進程有關。

依附 (Dependence)	獨立 (Independence)
相聚 (Togetherness)	分離 (Separatedness)
相依 (Attachment)	相分 (Separation)
羈絆 / 融合 (Enmeshment/Fusion)	自我區分 (Self-differentiation)
身分認同 (Identification)	特殊化 (Individualization)

以上的字眼雖然不同，但表達的概念卻相近。當我們進入一個羣體，自然很希望成為當中一分子，希望被羣體接納，甚至與之認同到一個地步，再沒有自我。就像家庭中新生的嬰孩，需要倚賴母親的照顧，甚至與母親連合為一。若以圖像表達，個體與所結連的羣體或個人是緊緊相扣的。

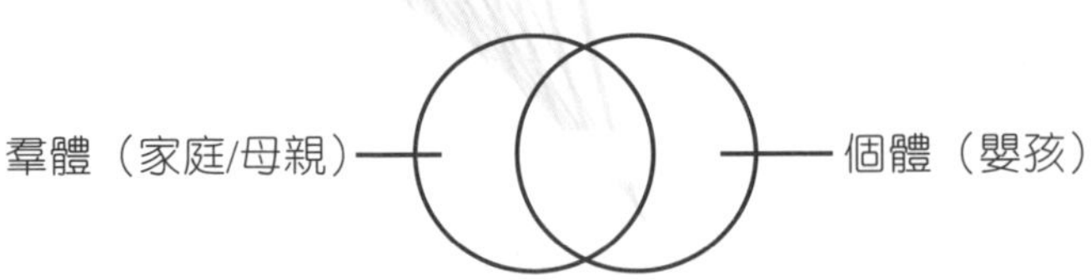

當孩子漸漸長大，開始學習獨立，與母體的區分漸多。**青少年時期，這種要與家庭或父母分別出來的推動力變得很大。**子女與父母之間有很多意見上的分歧，甚至意志上的抗衡（clash of will），這是年輕人確立自我的一個必須階段，父母會感到兒女反叛、不聽自己的教訓。若以圖像表示，這關係重疊的地方是相當少的。

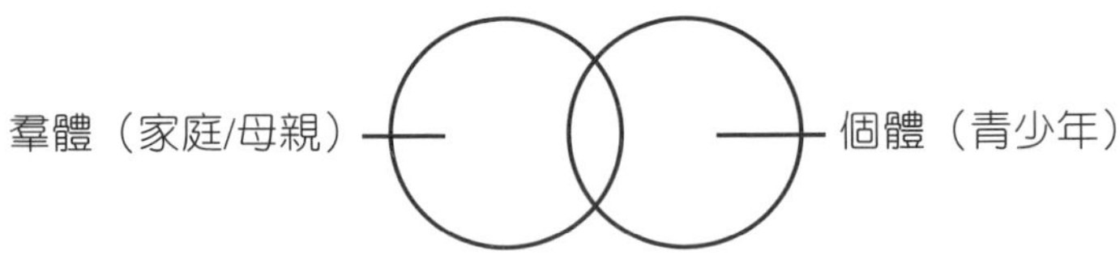

不過，若這進程順利的話，一個人會找到自己的身分和定點，他會有一種安全感；當他回望自己與那羣體之間的關係，或許會發覺自己可能矯枉過正。他對那羣體的接納和認同，會比之前大，慢慢達至一種共融的關係，我們會用「成熟的相依」（interdependence）、「相依相分的平衡」（balance of togetherness and separatedness）來形容：

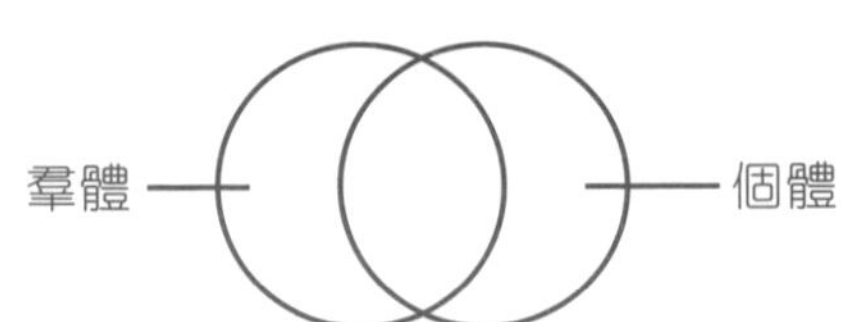

這是我們與每個羣體之間必經的階段。不論跟父母、朋輩、導師、工作機構等，都必須經過這種意志抗衡、反叛、與眾不同、劃清界線的階段，內心經常會自問：「我是這樣的，我不是那樣的，我跟它有什麼不同。」

若一個人缺乏這份抗衡的勇氣，或尋找自我獨特之處的動力，他便被羣體所吞沒，成為一個沒有自我、只順從羣體規則、沒有自己面目的個體。

作為父母、老師或導師，要鼓勵年輕人建立這種勇氣，不強制、壓迫他們；否則，他們就永遠依附、倚賴我們，不能獨立發展。

個人成長習作

1. 檢視你現有不同的羣體生活，有什麼地方可給你提供成長的機會呢？例如：你得到足夠的回應嗎？有仿效的對象嗎？在社交技巧方面有哪些需改善呢？

某個羣體的特點價值和文化是怎樣的？	
哪些是我認同的？	
哪些是與我有分別的？	

2. 透過與不同羣體的自我區別，你能更清楚認識和確立自己嗎？

助人成長提示

1. 若你有參與塑造某羣體生活的文化，你能否製造機會，把上文的助人成長元素，灌注在羣體當中，讓羣體生活的成員有成長的機會？

成長元素	我如何製造機會，讓當中元素自然出現在羣體生活中
（1）灌注希望 （2）同坐一條船的感覺 （3）認清盲點 （4）家庭關係重整 （5）仿效的對象 （6）發展社交技巧	例：給機會讓成員分享克服困難的心路歷程和故事

2. 當一個年輕人與你有意志抗衡時，你會怎樣回應他，幫助他確立自我？

3. 若一個年輕人太被動和服從羣體生活，不敢表達自我，你會怎樣幫助他？

本章參考書目

林孟平著：《小組輔導與心理治療》，香港：商務印書館，1996。

Bonhoeffer, Dietrich (1985). *Life Together.* London: SCM Press Ltd.

Crabb, Larry (1997). *Connecting.* London: Word Publishing.

Peck, M. Scott (1987). *The Different Drum: Community Making and Peace.* N. Y.: Simon & Schuster.

Vanier, Jean (1998). *Becoming Human.* Ontario: House of Anansi Press Limited.

Yalom, Invin D. (1985). *The Theory and Practice of Group Psychotherapy.* N. Y.: Basic Books, Inc., Publishers.

9 我與自己：認識多方面的我

我們大多數人都有尚未發展出來的潛質，
是因我們身處的環境沒有把它們叫喚出來。
要探索我們全面的潛質，
我們不能交給人生的際遇。
它需要我們有系統地追求，
至少到我們的日子結束之前，
我們也要熱心地追求。
我們要有心理準備，
在我們的潛質與生活的拉扯之間，
有無數不可測的對話，
那些拉扯不單是我們遇到的，
有時候更是我們自己製造出來的。
「潛質」對我來說，不單指技巧，
而是我們一切的能力，包括：
感觀、驚歎、學習、了解、愛和渴望。

John Gardner,
Self-renewal: The Individual and the Innovative Society

我內裏的我們（區祥江）

我有一個習慣，就是每隔一段時間，都會將自己在不同角色下的工作目標或發展方向寫下來，作為參考。當我將一些不太經常出現的角色表列出來，連自己也驚訝，原來我有這麼多方面的角色：

我是母親的兒子
妻子的丈夫
兒女的父親
兄弟姊妹的兄弟
朋友的朋友
工作上，我是
下屬的主管
上司的下屬
受助者的輔導員
工作坊的訓練者
講座的講員
有時，
我是作家
帶領敬拜者
司機

閒餘的時候，
我也是一個
合唱團團員、指揮
長笛演奏者
主日學教師
古典音樂愛好者
Hi Fi 音響發燒友
電腦修理員和諮詢對象
家庭電器、家具的修理員
若時間和精力許可，還有一些是我想發展的角色，我希望成為一個
小說家
大提琴演奏者
學院教授
……

角色的舞台

每一個角色，都需要我掌握一套新的技巧，與不同的人交接。我就在這些不同的角色中，擴展自我的可能性，豐富和充實自己。當然，有時角色出現的比例是不平衡的，是我不喜歡的，例如行政者的角色。當你晉升到某個位置，你就要承擔相當的行政責任，諸如處理會議文件、開會等。有時會議太多，個人會失去不少活力，感到「人在江湖，身不由己」，很希望工作能取得平衡。我也察覺到自己在某些角色上是精力充沛、生機活潑的，例如面對面的輔導工作、駕車、寫一些較感性的文章等。

回顧不同角色的出現，和自己如何掌握這些角色，一個有趣的現象：很多角色是你的人生到了某個階段，就要扮演和學習的，例如：丈夫、父親、主管等。

另外一些角色是你不一定要扮演，卻在某種環境的催迫下，你不得不學習，例如司機。在香港長大的我，覺得自己的方向感和對機械的操控興趣不大；但到美國讀書的時候，私家車是惟一代步的工具，於是被迫學駕車。掌握後又覺得有很大的樂趣，有人更形容駕車是一種最容易幫助人進入忘我狀態的方法呢！

有些角色是自己羨慕的，卻不相信自己有哪方面的天分或潛質。例如自己在寫作的路上，若不是身邊有不少啟蒙老師、催生的編輯和路上的打氣者，實在不能想像能有今日的發展。

也有些角色是自己經歷過一些挫敗的經驗後，羞於去面對和發揮的。記得幼稚園的時候，給老師選了去練習舞蹈，預備復活節表演，但很快就被「踢出局」，可能覺得我不是可造之才或手腳較遲鈍吧！這不好的經驗使我在整個中學階段，都抗拒參加一些社交或土風舞活動。大專期間，有機會正式學習社交舞，才發現在適當的指導和鼓勵下，自己也算中規中矩呢！這才擺脱自己不可能跳舞的想法。

最後，有一些角色是心裏嚮往，但暫時未有時間發展的。年紀大了，我也學習接納人生是有很多限制，時間、金錢、精力都有限；但我不會因此失望，仍然覺得自己內心是豐富的，有無限的創意空間。

內裏的彩虹

有一首詩歌我十分喜歡，本來是用來形容一羣人各有恩賜才幹，卻需要有同一心志和彼此配合。我覺得當中的歌詞，用來形容我不同的角色如何配搭，彼此整合、平衡，亦十分恰當。其中一些歌詞是這樣的：

許多天賦，同一心思；

許多歌唱，一把聲音，

將我們的不同結連成愛的團體。

雖然我們走不同的路徑，我們並不孤單；

幫助我們彼此相愛，指示我們彼此了解之道。

我們都是一家人，彼此扶持才長得壯健。

將每一個靈魂的色彩併合成一條美麗的彩虹，

給我們生命，主，使我們完全。

有一段日子，內心不同的「我」在彼此競爭，爭取發揮的機會。因為種種人生的限制，那些不同的我，因得不到照顧和關顧，便大發怨言，互相攻擊，同一家人，卻沒有合一的表現。惟有當我願意靜下來，聽取內心不同的我在蠕動、在呼喚；給予他們適當的安撫和發揮機會，內心的張力才稍為平伏。

我希望自己也有能力，將內心不同的我的各種色彩，併合起來，組成一條美麗的彩虹。

1. 多方面的「我」

每個人內心都是多姿多彩、千變萬化的；這現象很容易觀察出來，不過不同的人會用不同的字眼來表達。人際溝通分析（Transactional Analysis）的理論，是用父母、成人和孩童（parent, adult and child）來形容我們三種截然不同的心理狀態（ego state）。Viginia Satir 則用不同的面貌（your many faces）來形容；Elizabeth O'Conner 則以我們多個的自我（our many selves）來形容這現象。

我對自我的理解，是取材自一門家庭治療的理論，這理論名為「內在家庭系統治療」(Internal Family System Therapy)，是由 Richard Schwartz 發展出來的。他認為**人的自我是由多重性格（subpersonalities）所組成，稱之為自我的部分（parts），而每一部分或性格，就像一個一個有感情、才幹和渴求的人，存在於自我這個大家庭之內。**

我相信 Richard Schwartz 的觀察是十分合理的。在日常生活中，我們不難找到這樣的情景——在我裏面有一部分的我（a part of me）這樣想，另一部分的我（the other part of me）又那樣想。

即使由我們自己觀察，也不難看到這個現象，我們並沒有單一的自我。一個人在家中的「自我」有別於在辦公室中的。在工作中的「自我」與假期中的亦有不同；與太太相處時的我，跟與女同事或祕書相處時的我又不同。當我們舉止與平常不同的時候，我們便會嚷着說：「我都不知道『搞什麼鬼』，這不是平時的我，我忘記了自己是誰。」一個聰明的觀察者，必然會接着問：你忘記了哪一個「我」？一個人有多方面的我，是毋庸置疑的事實。

或許你會發現，**不同的環境會將不同的我表現出來。**有人用鐘錶的機械洋娃娃（clockwork doll）來形容多方面的「我」，那些洋娃娃衣着不同、表情各異，一些聰明，另一些愚蠢。她們沒有自己的自由意志，因應時間和環境的特定安排，某個洋娃娃就從箱子中跳出來，表演完畢就退居幕後。惟有一個智慧較高的人，能從旁觀察箇中奧妙，領悟當中的機械性，知道為何這個角色會在此時此地展現出來。說得負面一點，它們好像受人操縱的木偶，任人擺佈。

Virginia Satir 鼓勵我們說：「你大概有很多方面的『自我』仍未發現，所有這些部分，無論你擁有與否，它們都存在於你裏面。你若察覺，能幫助你管理它們，否則就會受制於它們。」

以上似乎有着一個互相矛盾的描寫——究竟那些「自我」是像洋娃娃般任我擺佈，還是我們受制於它們呢？有些「自我」會出現在不適合的場景：例如，「慈悲為懷」的「我」經常會被別人的甜言蜜語所騙，在那一刻，我們不再機械式地反應；或許那一個「精明」的「我」可以上場，看穿別人不良的動機並作出適當的反應。Virginia Satir 用了一個比喻來說出這情況：自己要在不同的面譜出現之前先按鈕，不要讓人從後面為你按鈕。

這裏帶出另一個重要的概念，**就是在我們的內心，除了眾多性格（或部分）之外，我們每一個人的中心點仍有一個「我」（self）存在。這個「我」就是我們內在自我大家庭的領袖和協調者，它負責使我們不同的部分和諧相處**（見圖一）。就是這個「我」，決定什麼時候，該按哪個自我的按鈕，去回應不同情景的需要。這樣，我們便不至成為只有機械式反應，受外在環境或條件所支配（outer-directed）的人，而能成為一個從內主導（inner-directed）的人。

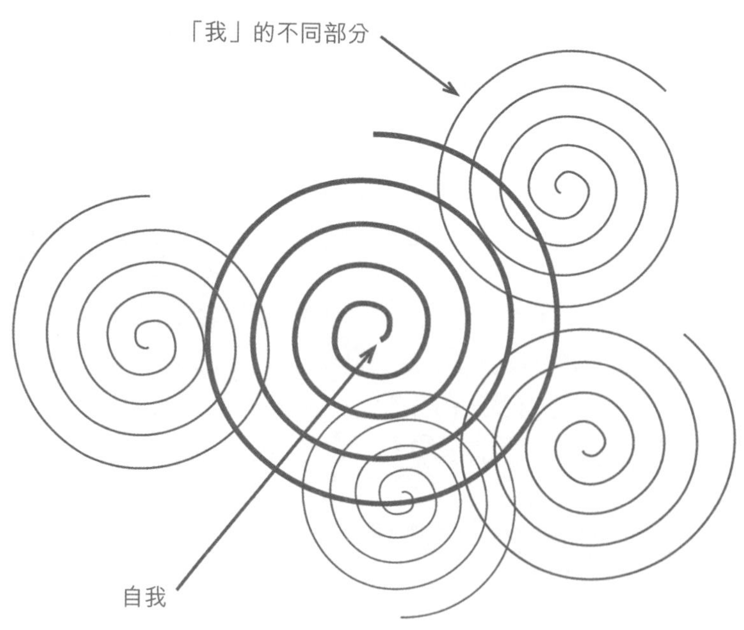

圖一「自我」是領袖和協調者
（摘錄自《翱翔工作間》）

1.1 你的多重面貌

我在《男人的面具》一書中，鼓勵男性放下一些固執的自我典型，嘗試容許不同的自我，流露出來。

男性一般慣於用戰士、發燒友、木乃伊這三種面具來與社會接觸。但若仔細向內心探索，就不難發現這三種面具背後，藏着另外三種自我的部分：戰士背後是希望交心的「朋友」；對物件「發燒」，背後是渴望與人接觸的「孤獨者」；木乃伊背後亦可能藏着有血有肉的「情人」（見圖二）。

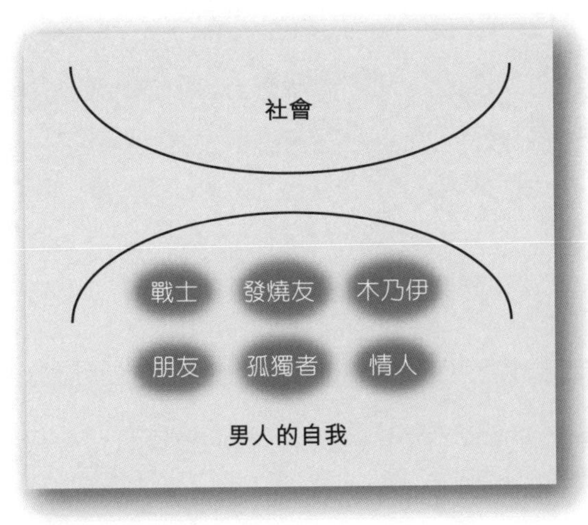

圖二 男人典型的面具

若發現自己內心有多面的我，我們可以重新將自己的面具調校位置。例如有些時候，並不需要擺出「戰士」的姿態來面對人，倒可以多將友善的「朋友」擺在前面，將「戰士」的面具縮小（見圖三）。

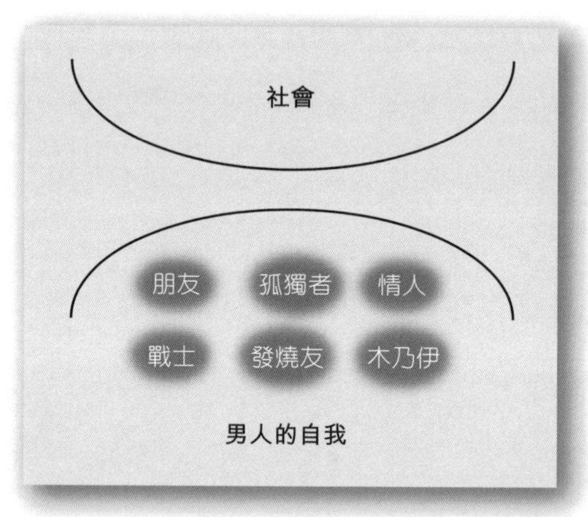

圖三 修改後的面目

你可有留意自己慣常用哪些面具？有哪些可以重新調配？有哪些是因為環境改變而派不上用場的呢？你相信自己有自由和資源，來重新整理自我的新面貌嗎？

我很喜歡 Virginia Satir 在 *Your Many Faces*（中譯本：《心的面貌》）中，用了兩幅圖畫來描寫成長契機的過程，以下是兩幅畫像的臨摹。第一個畫像是旋轉木馬（圖四），木馬上坐着不同面貌的人，我們大家庭的「我」的協調者，像一個旁觀者，**最重要的任務是認識坐在木馬上不同的人，認識他們不同的個性、表現，認識自我不同部分是成長契機的第一步。**

圖四 旋轉木馬

（摘自 Satir, Virginia（1978）. *Your Many Faces.*）

第二個畫像是一個活動雕塑（mobile），它是由我們不同的面孔或部分所組成，它能夠隨風美妙地擺動，成為一個美麗而和諧的雕塑（見圖五），全賴那一個「自我」—— 大家庭的協調者，安排和協調不同自我部分的關係，使它們和諧相處。各部分找到自己合適的位置，對整體有獨特的貢獻，不會被忽略和拒絕。這樣，多個的我就像一個快樂大家庭的不同成員，共享天倫之樂。

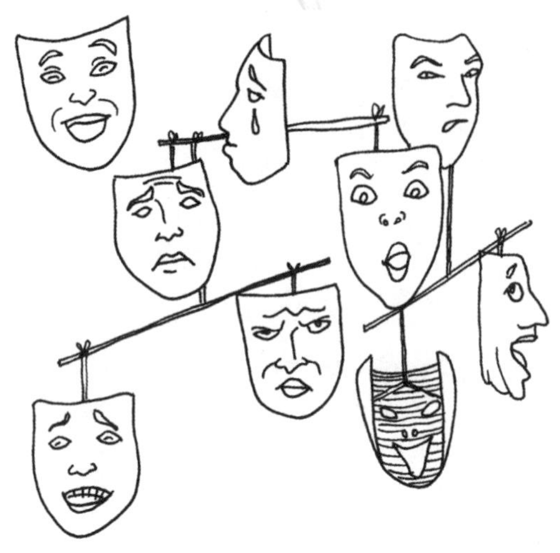

圖五 活動雕塑

（摘自 Satir, Virginia（1978）. *Your Many Faces.*）

1.2 協調多面的我

事實上，要協調多個的「我」並不是一件容易的事。有人就以委員會開會來作比喻：

外在困擾其實是我們內在生命不完整的反映。我們會因為嘗試同時扮演多個自我角色而忽略了活出一個單一生命的重要性。在我們裏面活着的，並不是一個單一自我，而是整個羣體的自我。當中包括有公民自我、姻親自我、財政自我、宗教自我、社會自我、專業自我及文人自我。它們每個都是一個主觀個體，它們不但不會互相合作，更會不時為着自身的利益而在裏面大呼小叫，企圖左右主體的決定。我們就好像有一個議會在裏面，議會主席每次都要就着不同的事項進行投票。由於過程中問題並沒有得到完滿解決，所以敗方的少數便會留下不滿的情緒，以致各內在自我無法得到融和，我們便變得煩躁。這是因為我們希望可完全履行各種義務，而產生了各種緊張拉力。

如何不會落入一個多數服從少數的不平衡現象？惟有我們找到一個自我的核心所在，而它又能夠秉公辦事。

它不用掙扎、毋須放棄並致力尋求簡樸的生活。因它已找到生命的中心點，所以便能活得簡單。這是一個很概要的說法。可以說它代表着一種單線性的目光：「若能保持目光的單線性，我們便可以找到生命的光輝。」它能將眾多的自我融合在一起，成為一個真正的個體，而它的目標只有一個，就是謙卑地活在上帝的同在、引導和旨意中。在它裏面並不存在着一羣因在投票中失利而不滿的少數「自我」，反而已有一位獨一神聖的主席，主領着它一切的內在會議。（引自 Thomas R. Kelly（1941）*A Testament of Devotion*.）

你可以成為這樣的一位委員會主席嗎？

2. 可能的我——我們追求的理想

有首民歌描述一個女孩與母親的對話：當我還是小女孩時，我問媽媽：我長大後會變得怎樣？我會美麗嗎？我會富有嗎？母親只回答說：到時怎樣便怎樣吧。

這種說法好像將自我的可能性交給人生不同的際遇，我相信我們可以用較積極的角度來看自我的可能性。

多個的「我」這觀念中，還有一個不能忽略的觀念：「可能的我」（possible selves），就是「我將會如何」的提問和探索。「可能的我」，給我們一種面向將來的動力——我想自己變成怎樣呢？這「可能的我」，匯聚我們人生的希望、目標、夢想、動機、恐懼和焦慮。

我在《我做工？工造我！》一書中，對這個「可能的我」，有詳盡的描寫和解說，現節錄如下：

3. 哪一個「我」得到實現？

若在工作上應用上述對自我的理解，我們便不會再問，要怎樣實現自我；我們會轉而尋問：哪一個「我」——在某一個特定的階段之內——如何得到實現？

還記得我們在青少年時期的夢想或幻想嗎？那時候，我們多看了幾本小說，便想像自己能成為小說家；看了史懷哲醫生的傳記便渴想修讀醫科濟世為懷；甚至看見天皇巨星在舞台上表演，就夢想有朝一日能成為歌星。

這種種渴想本身並沒有對錯之分，它不過反映了我們內心有着不同的部分，趁機待發。當中可能包括愛幻想的部分（小說家）、慈悲樂助的部分（醫生）和喜歡表現自我的部分（歌星）。哪一部分的你會得到實現，便要看你選擇了怎樣的路。

以我自己為例，作為心理輔導員，包括了我內心樂於助人的部分、內向和愛了解人性複雜的部分（或稱之為人內心的偵探）、愛解決問題的部分，甚至是愛成為別人拯救者的部分，也在這職業中得以發展和實現。

我選擇了這行業，一方面豐富了我某部分的發展；但我其餘的部分，例如我對音樂的追求和愛表現的部分，就不可能在輔導室內實現了。

3.1 與你渴想實現的那部分自我對話

上天賜給每個人不同的恩賜與才幹，而我們的責任就是盡力將它發掘出來，讓它繼續成長。你內在自我的部分，就像許多的個體，有各自的喜惡與性情；若其中一個部分擁有某種才幹，你會怎樣幫助它發揮呢？以下的朋友，從他的自我中找出一個藝術家的部分來，讓我們看看他怎樣跟這位內在的朋友對話吧。

♠：藝術家，告訴我，我如何能禮待你，幫助你成長？

♡：繼續你所作的吧！繼續每天繪畫，操練你的技巧。

♠：有沒有什麼事情阻礙你發揮自己？

♡：你沒有把我放在首位。請不要這樣做，我是十分重要的。我知道你對工作十分盡責，但請記着，你實在需要我。

♠：你希望我怎樣在生命中將你表現出來？

♡：這是一個很好的問題，我跟你同樣不知道答案。將你內心的東西表達出來吧！你一定要這樣做，繼續不斷畫畫。你是一個藝術家，繼續進深吧！

3.2 提防自己的內心批判

自我實現的最大敵人，並不在乎環境，也不因為外在的競敵，而在於我們的心魔。

一個大象的故事令我十分難忘：話說馬戲團裏有一頭小象，自小就給馬戲團買下。主人用繩索將牠繫在一棵小樹的樹幹上。牠曾試圖用力掙脱束縛，但由於身形和力量尚小，無法扯斷繩索逃去。之後，每逢主人把牠繫在這小樹上，牠都會十分馴服，伏在地上，毫無反抗的意圖。事隔多年，小象已長成大象，但幼幼的繩索、小小的樹幹仍將牠繫着，牠仍不斷對自己説：「你的嘗試只會帶來痛苦，你不夠力量，這不行的，你仍會失敗。不如放棄好了。」

我想我們許多人都像這頭大象一般笨，不知自己已長大成人。童年的恐懼仍然縈繞腦海，以致不能衝破捆着自己的「繩索」。

3.3 你聽過以下的內心批判嗎？

「世上沒有女性可以成為出色的作曲家、工程師、太空人。所以，這些不是女性應該選擇的行業。」

「男性的藝術家、詩人、理髮師都是同性戀的，男人真不適宜選擇這些行業。」

「沒有更高的學位，你絕對不可能成功。」

「你已經這麼老了，怎麼可能轉行，或繼續讀書呢？」

「你不夠醒目，又不夠創意，你不可能成為一個出色的設計師。」

內在的批判，是令我們不敢冒險、不願跨進新領域的最大攔阻。我們要看出它背後的謬誤；否則，自我實現將難以達到。

（「3. 哪一個『我』得到實現？」摘自《我做工？工造我！》〈工作——自我實現的場域〉）

4. 一個真實個案

我們的「自我」是七彩繽紛、萬紫千紅的，有待我們去發掘它的美麗之處。所以，每當看到可以盛放的生命受到壓制和摧殘，特別痛心。

志明是我初當輔導員時的受助者，當時他是中三學生，轉眼間十年過去了，最近再見他，心中感慨良多。

志明是個不懂社交的人，自小就常被人取笑。初見他時，我幫助他學習與同學相處，怎樣應付同學們的欺負，怎樣保護自己。他本是一個十分聰明的少年人，智商測驗有一百二十分之高。但不知是他的遭遇不好，還是別的原因，每到一些新環境，他都受到別人的取笑和排斥。或許是傷害太大和太深吧！這些年間，他的病情日益嚴重，我們稱之為「強迫性」思想的病徵，他腦裏終日都是回想別人對他的冷言冷語。他設法寫信投訴，甚至叫家人替他致電給不同的人，要取回公道。因為他對周圍的陌生人極不信任，慢慢地，他將自己關在家中，不敢外出接觸人。或許我們沒想過，被取笑會對一個人的心靈做成如此傷害。要不是人的罪性的緣故，他今天會是一朵盛放的花朵；如今卻關在心靈的枷鎖中，這是人性被踐踏的後果之一。

深願青少年工作者，能把握機會去幫助年輕人成長，除去他們成長的障礙、雜草；將他們成長的潛質釋放出來，使他們成為多姿多彩、有個人獨特氣質的人。

個人成長習作

1. 嘗試觀察你內裏不同的「我」。將你不同的角色寫出來，在未來一星期內，觀察不同的「我」如何在不同角色中表現出來。

2. 運用人際溝通分析的觀念，觀察你內裏的孩童、父母以及成人，如何在不同的人際關係中流露出來。

3. 在人生的舞台上，假設你是導演，不同的「我」是可以編排的人物和角色，你會如何安排角色登場？有一些是不請自來的嗎？哪些永遠沒有表現的機會呢？角色之間有強烈的張力嗎？你如何平衡不同角色的位置和關係？

4. 試聆聽自己內心的聲音和渴望，有哪些可能的自我（possible selves）是你很想發掘和發展的呢？給它一個成長和成熟的空間。

5. 細閱以下文章，看對你的自我了解有沒有幫助？

把別人時常看待成同一個人，或是只視別人為一個惟一個體，就好像把待薄自己的事加諸別人身上。其實在每個人裏面都活着很多個不同的自我，它們都屬於我們性格的不同層面。它們需要我們好好地觀察和認識，否則很難真正認識自己。換言之，若我們想真正認識自己，而不是只去創造一個想像中的自我的話，以上所說的都是不可或缺。沒有一個人可擁有一個永恒不變的自我，亦沒有人可以擁有一個真正融合為一的自我。其實你們都只是一羣不同的自我組合，而在你們每個人裏面的自我都會在不同的時間或場合控制着你，令你遵行它的意願，令你不論言行和思想都遵它而行。

當一個人開始明白，他並不是一個單一個體，而是多個個體的組合時，這便是他開始去正視和處理他的自我的時候。要做到這一點，他必須放棄戀棧他是「一個自我」的思想。否則他便不能從這個單一自我中釋放自己，而只能沉醉在這個自我的一切，包括它的思想、情緒、感受、衝動、慾望、情感等，認為這個便是真正的他了。但當他開始從旁觀察自己時，在這一刻他便已一分為二，成為觀察的一方和被觀察的一方了。

（摘譯自 Maurice Nicoll（1996）. *Psychological Commentaries: On the Teaching of Gurdjieff and Ouspensky.* Atrium Publishers Group. Vol. 1, pp. 20-21.）

助人成長提示

1. 年輕人有多方面的才幹，我們的教育制度卻只看重幾個方面的能力，輕看一些如體育、美術等的發展。我們相信，年輕人在某方面的才能（無論是否社會所認同），若能得到肯定和發展，那份自信會在其他方面發揮出來；若我們只顧否定年輕人的旨趣，要他們發展一些他們不感興趣的東西，只會弄巧反拙。

2. 多觀察身邊年輕人的潛質，挑戰他們；多給他們正面的回應，肯定他們，讓他們不同的自我得到發展。

3. 年輕人或會有很多內在批評（inner critics），我們要幫他們疏解這些阻礙，多作鼓勵。

4. 幫助年輕人檢視自我的不同部分，看它們是否平衡地發展，並與他們分享你平衡不同自我的心得。

本章參考書目

蔡元雲、區祥江著：《男人的面具》（修訂版），香港：突破出版社，1996。

區祥江著：《我做工？工造我！—— 工作與自我的雙向旅程》，香港：突破出版社，2009。

Kelly, Thomas R.（1941）. *A Testament of Devotion.* London: A, Quaker Home Service.

Nicoll, Maurice（1996）. *Psychological Commentaries: On the Teaching of Gurdjieff and Ouspensky.* York Beach Maine: Samuel Weiser, Inc.

O'Conner, Elizabeth（1971）. *Our Many Selves.* N. Y.: Harper & Ron.

Satyr, Virginia（1978）. *Your Many Faces.* California: Celestial Arts.

Schwartz, Richard（1997）. *Internal Family Systems Therapy.* N. Y.: Guilford Press.

10

我與自己：
整合兩極的我

那（水中的）倒影不會奉承我們，
它會如實反映我們的真面目，
那不敢向世界顯露的真面目，
因為我們用面具（persona）將它隱藏。
面對自我是不愉快的事，
我們若可以將那些負面的東西投射到外在環境，
我們都會儘量逃避。
我們若能夠看到自己的陰影（shadow），
又能夠忍受去認識它，
那麼，
有一部分的問題已經得到解決：
至少我們將個人的潛意識帶出來。

Carl Jung, *The Archetypes and the Collective Unconscious*

這邊的我 vs 那邊的我（小寶）

我，是一個樂天，喜歡與人連結，喜歡自己，充滿自信的女孩子。

我，從沒有想過有兩極的我。

我，自從走進輔導室後，便看見另一個我，然後不亢不卑地走出來。

快樂 vs 不快樂

我，在別人心目中，是一顆開心果，甚至被嘲笑為「大笑姑婆」。有我的地方，笑聲總會此起彼落。當別人找我訴苦時，我總喜歡替對方尋找事情的正向一面，並給予正能量。我覺得這個世界本來就有許多新奇有趣，好好玩、好好笑的事物，等着我去發掘。

但是，當我第一天走進輔導室的時候，我發現自己原來不快樂。我可以想像，如果天父這一刻要帶我返天家，我會很樂意，原來我覺得地上的日子其實是沒有意義的，我覺得自己可有可無。

若將兩極放在一起，究竟我平常的大笑是真心的嗎？如果我真心覺得自己能夠帶給大家歡笑或正能量，為何會覺得自己可有可無？

連結 vs 疏離

我，總是苦惱如何撥出更多時間給無限多的朋友。因着我的親切，我的搞笑，我的接納，不同種類的人都會喜歡與我親近，我也喜歡與她 / 他們親近，因為我喜歡人，喜歡分享別人的生命，喜歡幫助人。對別人的要求，少有 Say NO.

但是，當有一天被問及，有什麼朋友可以信賴，可以成為我的避難所的時候，我的頭腦開始迷糊 —— 原來不多，甚至沒有。那一刻，我感到失落。

要是兩極放在一起，若然有這麼多我喜愛的朋友在旁，為何沒有一個可以信賴？如果沒有一個朋友能成為我的後盾，那麼平時的交往是怎麼樣的連結？那種連結是否只有單向的幫助或聆聽，而沒有將自己的內心與人分享，以致沒有真正的連結？

喜歡自己 vs 批判自己

我，常想像如果有一個與我一模一樣的人在身旁，我會很開心，並與她成為要好的朋友，因為她很可愛有趣。當許多人提及是否喜歡自己的時候，答案大多是：「不！」，但我卻打從心底裏喜歡自己。我喜歡自己的爽朗，思想正面，搞笑……等。

但是，在輔導室裏，我發現自己常處於自我批判、自我埋怨的狀態。原來我做每件事都會自我審查，並覺得自己什麼事都做得不夠好，在別人未給我派成績表以先，我已經令自己萬箭穿心。

若將兩極放在一起，究竟我愛自己有多深？我恨自己又有多深？喜歡與批判，又是否一個硬幣的兩面？我愛的是誰？我批判的又是誰？究竟我是誰？

自信 vs 怕出錯

我，好像生於舞台，不怕於人前說話表演，甚至享受被別人的注視。當上台演講的時候，別人通常都會預備完整的講稿，以防讀錯。我則只需要列出重點的講章，以便我在台上自由發揮。我喜歡在人前說話，因為這樣會為我注入生命力。

但是，當仔細考察自己的思考及行動模式，原來我很怕出錯。我怕做錯決定，我怕事情的失敗是由我一手釀成，我怕我無用。

若將兩極放在一起，究竟我真正恐懼的是什麼？我在乎的又是什麼？

兩極，連結中……

面對兩極的自己，好不容易！慣於與陽光正面的我同行，好像容不下一個黑暗、軟弱、無力的自己，感覺好像被撕裂，透不過氣來。究竟我需要放棄兩極，走到中間點？還是容許兩極存在，繼續走下去？在輔導室中，我的輔導員讓我明白可以兩者兼備，但需要有先後次序。

首先，原來擁有兩極的我是正常的！去理解，去明白，去接納兩極的我是要用「心」，並非用「腦」。由接納開始，這兩極的我才開始相見、相知、相遇……一旦連結和溝通，轉化便開始了。

現在回看，原來兩極的我一直都在，只是我沒有理會，或者沒有勇氣去理會另一個陰暗，軟弱的自己。當我愈不理會，或者用這邊的我去抑壓那邊的我，生命便開始出亂子。

轉化的過程啟動後，那邊的我開始被接納、被明白，她開始變得強壯，變得美麗。而這邊的我因為不用抑壓那邊的我，開始變得放鬆，變得自在。當兩極的我都在蛻變的時候，她們可以走得更近……

1. 自我概念

成長有着不同的方面。青少年期我們身體的成長最急劇，身高、體重的增加顯而易見。思想的擴闊亦是另一方面的成長；抽象、邏輯性的思維發展，帶引年輕人走到另一個思想領域（請參〈3　人生階段的掌握〉）。

以上都是「量」的增長，但成長也有另一方面，就是複雜性的增長（growth in complexity）。**整合「兩極的我」（polarities of self）是其中一個例子。這不是量的增加，而是一個人自我的元素得以統合起來，以致達到一種完整或整全（integrity）的境界。**

完形心理學家 Joseph Zinker 有一幅很清晰的圖畫，去分辨一個人的自我概念，到底是病態抑或健康。**一個有病態自我概念的人，他看自己是一個單一的人，永遠是這樣而不會那樣，是甲不是乙。**一個人內心其實有很多兩極的張力和感受，他對此卻缺乏自覺，看不到自己可能同時具有男性和女性的特質、強和弱的兩面等。雖然他對這兩極的我不自覺，但卻實際存在於他裏面。由於他缺乏整合，於是便構成內心的張力，產生許多人際問題（見圖一）。

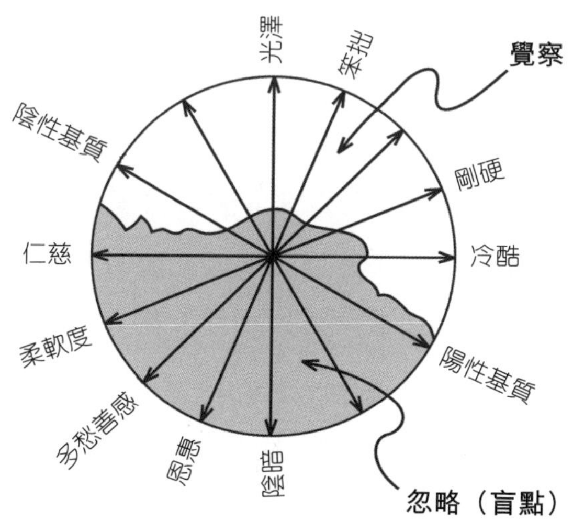

圖一　病態的自我概念

一個有健康自我概念的人，能自覺內心有很多兩極的張力，他願意面對自己可能互相矛盾的一面。雖然他有自己的盲點，內心世界卻是豐富而和諧的，因為他不會「自己打自己」，也不會因不了解自己而傷害他人（見圖二）。

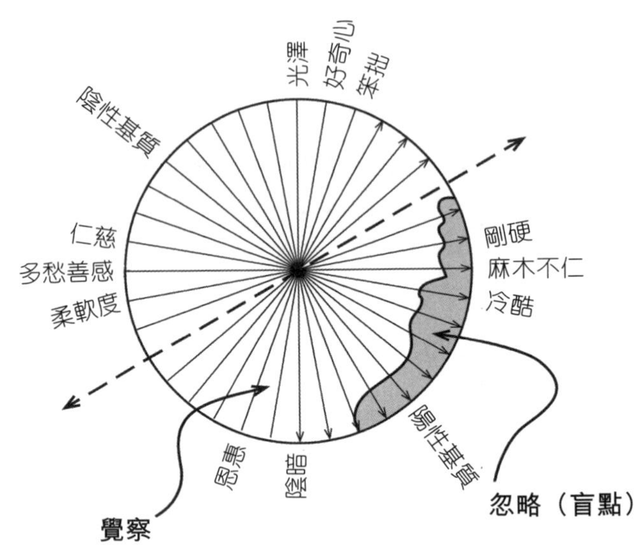

圖二 健康的自我概念

對內心兩極掙扎的自覺，最典型的例子是《聖經》中的使徒保羅。他描寫自己內心善惡兩個律的爭戰，最為精彩：

我覺得有個律，就是我願意為善的時候，便有惡與我同在。因為按着我裏面的意思，我是喜歡上帝的律；但我覺得肢體中另有個律和我心中的律交戰，把我擄去，叫我附從那肢體中犯罪的律。我真是苦啊！誰能救我脱離這取死的身體呢？（〈羅馬書〉7 章 18 至 24 節）

2. 兩極的我

對於為何有「兩極的我」，Carl Jung 的面具（persona）和陰暗面（shadow）理論，分析得最透徹。

面具是一個人與社會接觸的界面，透過一個社會化的過程，我們知道父母、老師、社會對我的要求，有什麼可以表達，有什麼需要收藏。**面具可說是一連串的適應，我們選擇自我某一些為人接納的地方，向外顯露。那些不為人接納的地方，我們便收藏起來。**慢慢地，我們也不察覺，甚至記不起這些收藏起來的我，或稱為陰暗面（shadow），亦是我們的一部分。

陰暗面則可從大自然現象去了解。當陽光照在我們身上，向光的身體是明亮的，但背後卻留下一個黑色的陰影。愈是光亮，我們的陰影就愈深。我們的社會文化，一直以來教我們將光和暗兩極化：強勝於弱、理性勝於感性、男性勝於女性等。**可怕的地方是藉着一個潛移默化的過程，我們不單不讓那些陰暗面顯露出來，我們甚至抗拒、憎恨這些地方，有時候更在他人身上，找出這些陰暗面，加以攻擊。**

3.「陰暗」像拖在背後的一個長袋

美國詩人 Robert Bly 在其著作 *A little Book on the Human Shadow*（有關人類陰暗面的小書）中，就以「拖在背後的一個長袋」（the long bag we drag behind us），來形容我們的陰暗面。

為了討父母和別人的歡心，要得到他們的愛，我們將每一樣他們不喜歡我們的特質，放進這個長袋內。這個袋內的東西愈多，我們的行動就愈困難和緩慢，亦會缺乏力量前行。不過袋內的東西也有可能是我們的力量來源，將它們放進袋內，也就等於廢棄了它們。例如，男孩子認為女性化不好，他就放棄了那溫柔的力量。若我們將十件東西拋進袋內，那麼屬於我們的十種力量便縮減了。這樣，我們的生命被局限了，也浪費不少精力去壓制那陰影，結果自然強差人意。

4. 樑木與刺

不接納自己的陰暗面還有一個壞處，就是將自己不喜歡的東西，投射到他人身上。在他人身上，尋找自己的陰暗面，是一件極具殺傷力的事。正因為我們不接納那些陰暗面，看到其他人有的話，便理直氣壯地加以攻擊，這實在是一場可怕的戰爭。耶穌在《聖經》中，一早就提出警告：

你們不要論斷人，免得你們被論斷。因為你們怎樣論斷人，也必怎樣被論斷；你們用什麼量器量給人，也必用什麼量器量給你們。為什麼看見你弟兄眼中有刺，卻不想自己眼中有樑木呢？你自己眼中有樑木，怎能對你弟兄說：「容我去掉你眼中的刺」呢？你這假冒為善的人！先去掉自己眼中的樑木，然後才能看得清楚，去掉你弟兄眼中的刺。(〈馬太福音〉7 章 1 至 5 節)

自己眼中的樑木——甚或只是刺，經過一個投射和放大的過程，便演變成彼此的論斷和攻擊；若我們知道這投射出去的東西，其實是屬於自己的一部分，那場不必要的戰爭就不需要發動。因為這樣跟別人爭鬥，其實是自己內心兩極的爭鬥，「自己攻打自己」，註定是一場必敗的仗。

5. 男性與內裏女性特質之爭

很多男性都不容許自己流露任何女性的特質，他們會刻意迴避那些被認為是女性特質的表現，如情感化、脆弱、倚賴等。特別是年輕的男性，更覺得需要確立自己的男子氣概；任何不夠堅強、不能帶來成就感的特質，都被拒於門外。當男孩子要學做成熟男人，他們都會經歷一個離開母親的過程，也就是將女性豐富情感的一面埋葬，決意否定自己女性的特質，並努力支配身邊的女性。

若是結了婚，男性也可能將自己不喜歡的特質，投射在妻子身上。常見的例子是男性不能正視自己的某些感受，在共同面對事情的時候，他就借助或透過太太較自然流露的特性，將自己不想表達的情緒，投射在太太身上；然後，他就怪責太太情緒化，不夠理性。這樣，夫婦二人就將性別的陳規（stereotype）緊扣起來，局限了個別的發展空間。

6. 陰暗面

6.1 如何提高對陰暗面的自覺

Owning Your Own Shadow（收納屬於你的陰暗面）作者 Robert Johnson 說得好：面向社會，我們要隱藏自己的陰暗面，否則會受到不少傷害；但我們卻不可以將陰暗面向自己隱藏。

認識自己的陰暗面，其中一個有效方法，是看你自己相反的意願。例如：若你強烈地不喜歡某人，你應留意自己有一面可能會喜歡他；當你熱戀時，你可留意到自己有一面是漫不經心的；當你憎恨某種情緒如憂鬱時，或許你有一面是樂於沉醉這情緒之中。如此，這種來自正反對立的張力，因着你的自覺和自我接納，就會大大減低！

除了看自己相反的一面外，你也要留心有沒有將自己不接納的地方，看成是別人的錯。將這些投射收回，你就將似乎陌生、對立的一面，納入自己領域之內。那麼，**正面與負面、好與壞、愛與惡都是你自己的一部分；這樣，你就有一個較客觀的自我概念。**那多年的敵人，今日便成為夥伴。

6.2 如何面對自己的陰暗面

Carl Jung 的理論，鼓勵人將自己正反兩面，轉化成弔詭（paradox），容許正反並存，有同樣的價值和尊嚴。我對人性的理解，並不像這理論那麼樂觀。**我認為我們不少的陰暗面，是人性的軟弱。我們需要接納自己的限制，而**

不是將這些軟弱看為高尚，我們更加不應該讓它任意妄為。例如：我們有仁慈的一面，也有貪婪的一面；我們得承認自己有貪婪的一面，卻不是任讓這特質擴大。

不過，有不少我們放在袋裏的東西，是沒有道德對錯的，只是社會對我們的規範或局限而已。我們不單要認識那些被投進袋內的東西，更要把它們取出來加以發展，使它們成為我們的一部分。例如，近年 EQ 理論的盛行，是一個契機，幫助男性多發展情感智商的一面。過去，我們將情感的一面壓制，抬高理性，是因為我們將感性標籤為女性化的表現。為了抗拒女性化，男性失卻了這人性豐富的一面；縱然這是女性的一面又如何？我們要擁抱它、發揮它，使我們的人性更完整，不論男女，我們都擁有男性和女性的特質。

但願我們能將兩極的我整合，成為更豐富、更完整的個體。

6.3 從病徵到原本的陰暗模式

另一位心理學家 Ken Wilber，提議我們如要面對自己的陰暗面，可先從病徵入手。他認為**當我們不接受自己的陰暗面時，往往會發展出一些病徵，使之成為我們陰暗面的替代。這是一個痛苦的記憶，提醒我們有一些地方被埋藏起來。**他建議從我們的病徵，追溯那原本的陰暗模式。

以壓力為例，在工作上你可能承受很大的壓力。壓力是一個病徵，或是一個信號，告訴你內裏積壓着很大的工作動力，是你所不知道或不想承認的。你或許不想公開承認你的動力，那麼你便試圖藉着為其他人付出勞力，令他們內疚；或者你將自己的動力，投資在別的回報較大的事情上；又或者你在不知不覺間，失去了你的動力。無論是什麼原因，你可以將你受壓的病徵，翻譯成你原本的陰暗模式，從被動的「我必要」(I have to) 轉為主動的「我渴想」(I want to)。

作者更舉了另外一些例子，你可以嘗試找出當中的連繫。

病徵	原本的陰暗模式
退縮	我將你推開
我不能	我不會、我不願意
無能、冷感	我不要令他得到滿足
緊張	刺激

要是能跟自己的陰暗面交朋友，你就不用視它為自己的病徵了！

個人成長習作

1. 要面對自己的陰暗面，你身邊需要一羣相當成熟的組員。成熟的元素包括自覺能力、自我接納的態度、願意反省以及對別人意見抱持開放的態度。所以，我認為整合兩極的我，是一個較高層次的成長契機。其中最首要的，是一顆願意自我對質的心。

2. 嘗試留心自己有沒有投射自己陰暗面的情況。別人的特質，哪些是你最不喜歡、最令你不耐煩，甚或令你反應過敏的？這些方面或許就是你的陰暗所在。

3. 找到其中一項自己的陰影後，試回答以下問題：

 (a) 是什麼原因，讓我把那陰暗面埋藏？

 (b) 那陰暗屬於什麼類型？是需要接納，但又不可直接表達的？抑或是需要發展，讓它成為你生命的一部分？

4. 試閱讀以下文章並反省自己的陰暗面，看你能否依 James Hillman 的提議，用一種弔詭的心態來面對自己的陰暗面。

愛自己並不是一件易事，因這代表完全接受自己，包括接受自己那些卑微及不為社會所容的陰暗部分。對這沉鬱的部分施予關懷便是治療它的靈藥。更重要的是，由於治療來自關懷，這無可避免地涉及承擔。要得到救贖的第一要素便是要學會承擔自己的陰暗，就好像那些舊清教徒（old puritans）或被放逐的猶太人一樣。他們晝夜思想自己的罪，儆醒小心魔鬼的來襲，以免不慎跌倒。他們更會背着重重的石包，在沒有人的幫助下走一條看不到盡頭的路。但這種承擔及關心不能流於程式化，從而將那卑微的部分發展至合乎自己的自我要求，因為這並不是愛的表現。

愛自己的陰暗面要從承擔開始，但這並不足夠。在適當的時候我們需要有所突破，讓我們能夠像其他人一樣笑對自己那份似有非有的愚昧。跟着我們便可以完全接納自己那些被拒絕的和卑微的部分，與他們同行和共處。這份愛能助我們認出和確立自己的陰暗面，卻令我們無法抗拒它存在的魅力。在這裏我們已牽涉到兩個不能缺少的道德界面。要解決這個虛實難辨的問題，我們需要兩個不能比較的要素：確認這部分的自我是生命的重擔，以及它必須及早被改變的那份道德認知；與一份能永遠以愛和笑從容接納它的存在的心情。每個人都應執著有時，放手有時；嚴謹有時，輕鬆有時。至於真理，西方的道德和東方的從容都只能各執一耳。

（摘譯自 James Hillman, *Insearch: Psychology and Religion,* pp. 69-70.）

助人成長提示

1. 幫助人整合「兩極的我」並不是一件易事，你亦不可能直指其非。嘗試與成長者建立一個信任的基礎，並分享你自己面對個人陰暗面的故事，或許你的自我流露能引發他對自己陰暗面的醒覺。

2. 鼓勵他閱讀有關個人陰暗面的書（參本章的參考書目）。

本章參考書目

蔡元雲、區祥江著：《男人的面具》（修訂版），香港：突破出版社，1998。

Bly, Robert (1992). *A Little Book on the Human Shadow.* N. Y.: Harper San Francisco.

Hillman, James (1967). *Insearch: Psychology and Religion.* London : Hodder & Stoughton.

Johnson, Robert (1991). *Owning Your Own Shadow: Understanding the Dark Side of the Psyche.* N. Y.: Harper San Francisco.

Jung, C.G. (1959/1990). The Archetypes and the Collective Unconscious. Hull, R.F.C. (Trans). Bollingen Series XX. *The Collected Works of C.G. Jung. 9* (Part 1). Princeton, NJ: Princeton University Press.

Wilber, Ken (1981). *No Boundary: Eastern and Western Approach to Personal Growth.* N. Y.: Random House.

Zinker, Joseph, & Wilde, David (1978). *Creative Process in Gestalt Therapy.* N. Y.: Random House.

知情意成熟的自我

11　知：負面思想的校正

12　情：情緒健康的流露

13　意：意志力的鍛煉

11

知：負面思想的校正

有兩種讓生命輕易流過的方法：
任何事物都相信；
任何事物都懷疑。
兩種方法都是叫我們不用思考的。

Theodore Rubin，精神病學家及作家

無形的思想列車（Paul）

在一次心理講座中，聽到一位講者將説話的速度與思想速度作比較，原來我們的思想比説話可以快八倍之多。平日我很少留意自己的思想細節。今天，在公司的會議桌上，或許有點沉悶，在討論之餘，便多留意自己的思想。

Peter 在會議上作報告，同事們對一些部分有不同的意見；有一些與我工作相關的，我便作出提問。我發覺 Peter 對我的提問充耳不聞，只顧着解答其他人的問題。我有點不悦，便將聲量提高，他才隨意應酬我一兩句。之後，我就在會議中呆坐。

會議後，Jane 問我開會時是否不高興，我沒有正面回答她，只説自己在思想另一些事情。

我回家反省，委實有些不高興，但並不是因感到被忽略那麼簡單。Peter 的態度將我拋進一列思想列車，又像一枝向下的箭，實在去得太快太遠。我回望，可以捕捉的想法如下：

Paul 思想中向下的箭（down arrow）

Peter 不是經常聽從我的，我要提高聲量了。

↓

我不提高聲量，就永遠無人聽到我的話。

↓

無人聽我，我便沒有地位。

↓

沒有地位，我便感到無助。

↓

我感到無助，其他人便會來佔我上風。

↓

Peter 來佔我上風，他便會取得完全的控制權。

當我迫自己將以上的思想流程記錄下來，我才驚覺，自己內心有不少負面思想，也容易將一些小事「無限上綱」。Peter 的忽略，使我想到會失去對自己的控制權，這太可怕了。

平心而論，我在公司的表現也不錯，同事間有一點良性競爭也是十分正常的；我不必因一次會議的溝通出問題，就斷定自己在公司的地位不如 Peter。

此後，我對自己無形的思想列車，多加注意，希望能夠調校自己的思想速度，免得脫軌，失去方向。

1. 成長是一個放下思想包袱的過程

成長是一個接收與放下的過程。從年幼時，我們開始跟不同的人接觸。人總喜歡對別人評頭品足，於是我們就接收了不少人對自己的評價。這些評價像一個「收買佬」背上的袋子，當類似的評價累積到一個數量，這些包袱會來個大變身，變成了一副我們看自己的眼鏡。此後，我們便帶着有特異功能的眼鏡來看自己，這眼鏡有一種扭曲的傾向，就算見到情況與現實有出入，我們都會像看不到一樣，用一種自動反應的思想（automatic thought）來看自己。

所以，**助人成長的過程中，我們要扮演偵探，從一個人的表面反應，追尋他背後的思想，特別是一些與自我形象相關的看法，那是一個人對自己的核心信念（core belief），是成長時接收下來的思想包袱**。我們要挑戰他們這些信念是否合乎現實，較真實的圖畫應是怎樣。這也是輔導理論中的一個派別——認知治療的重要貢獻。

認知治療有一個看問題的模式，是與自動思想、核心信念有關的。

打個比喻，你正在看我這本《生命軌迹》，看了一會，你就表現出不開心的樣子，接着將書本合上。外人只可以從情境（situation）與反應（reaction）看到你的情況，但你不開心的真正原因，旁人就很難準確推測。原來從「情境」到「反應」之間，是你內心思想的一個轉念，你對自己說：「太難了，我不會明白它。」這自動思想，理應不會帶來太大的不快吧！但原來自動思想背後，還有一些中介信念（intermediate belief），就是：「若我不能完全明白，我就很蠢。」但試問哪裏有人完全明白所有事物呢？再追問下去，不完全明白又有何相干？你卻會不快地說：「那末，我就是一個無用的人。」旁人十分驚訝，為什麼看一本書會令你跳到這樣的結論。事實卻相反，是因你有一個核心信念，令你這樣負面看事物、看自己。**助人者的責任，就是追尋這些核心信念背後的故事，並挑戰這些想法和箇中謬誤。**

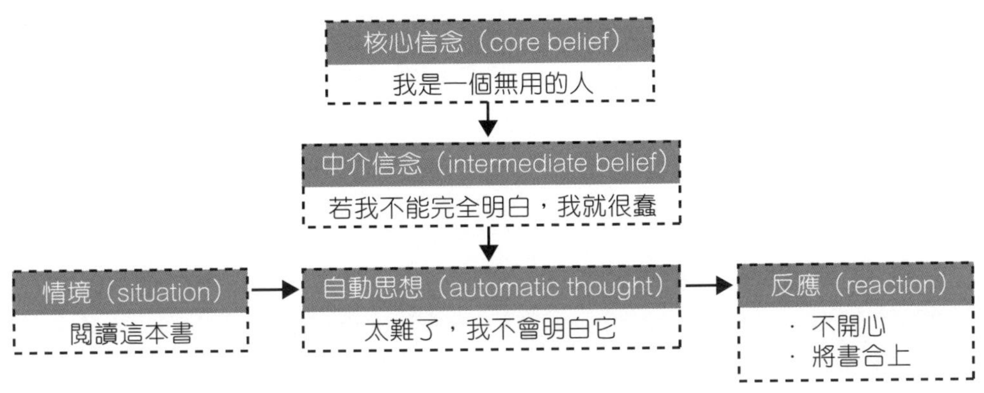

圖一 核心信念與自動思想

2. 八種認知扭曲現象

我們日常有不少自動反應的思想（automatic thoughts），認知行為模式對這些自動反應的思想十分關注，**因為我們很容易帶着負面的角度來思想事情（negative thinking）以及將思想扭曲。**這派別的專家為我們分辨不少認知扭曲的方式。作者南琦在《情緒自療 Easy Go》一書中，對八種認知扭曲現象有本土化的描寫，筆者撮錄並加上一些例子，讓讀者更易掌握。

2.1 思考二分法（All or Nothing）

這種思考模式，**把事情看成只有「好與壞」、「有與無」或「對與錯」的二分法**，不能接受中間的灰色地帶。例如：「我心跳得這麼快，一定是有病要發作了。」「我如果不能把工作做完，就是一個失敗的人。」這種想法使人以為，如果不能達到自認為的「好」或「對」，那結果就是不好、不對了。如果對自己總有不合理或不切實際的要求，那麼會常常覺得很挫折，活在擔心做得好或不好的壓力下。

2.2 誇張解釋或貶低自己（Magnifying or Minimizing）

這類人不是將行為解釋得過度誇張，就是過度貶低自己至一文不值。誇張解釋的例子如：「他看了我一眼，似乎對我很不屑。」也許對方只是純粹無聊多看一眼罷了，但卻將看到的蛛絲馬迹過分放大；過分貶低自己的例子如：「雖然我在念大學，但這沒什麼了不起，不過是運氣好，我個人則沒有什麼長處。」

2.3 過度類化（Overgeneralizing）

有這類型想法的人會**對事件以外的其他事件作過度聯想**，例如：「我數學考不好，一定是我太笨，不太會念書，所以其他科目也一定考不好。」即使這件事與另外的事情毫不相干，他還是會牽連在一起。除非有人提醒當事人想法上的不當，否則很難改正。

2.4 錯誤標籤（Mislabeling）

根據自己的某些缺失為自己貼上某個標籤：例如找不到工作時，就認定自己是個「失敗者」，這個「失敗者」的標籤，使他容易覺得自己在其他方面都是失敗者。

2.5 武斷推論（Arbitrary Inference）

有些人會在還未有足夠證據時，就下了特定的結論，甚至後來有相反證據出現，也不會改變想法。例如，太太下班後遲了半小時回家，丈夫便推斷：「她一定是有婚外情。」

2.6 選擇性負面注意（Selective Negative Focus）

有些人只注意自己想注意的部分，尤其是負面的片段或細節，忽略了其他同樣重要的資訊。例如一位男士在派對中不小心打破一個酒樽，他就下結論說自己是個笨手笨腳的人，破壞了整晚的氣氛。

2.7 個人化（Personalization）

這類人在沒有足夠的證據下，把外面發生的事情和問題歸咎到自己身上；把與問題無關的自然或物理現象當成別具意義，或當作自己問題的藉口。例如當自己找不到工作，出門又碰見下雨時，會說：「連天都欺負我！」

2.8 災難化（Catastrophizing）

遇上小小挫折就以為大禍臨頭，或者把還沒發生的事情描述成可能發生的大災難。例如失戀了就把將來想得很糟：「我已失去一切，一生註定孤獨終老了。」

3. 跳出思考的泥沼

既然我們容易將思想扭曲，就要想辦法挑戰它們。

筆者收集了一些問題，**問題背後都是讓當事人較客觀地看自己的想法，有否太快下定論、證據是否足夠、是否合邏輯？**就算事情真的發生，結果是否那麼災難性，沒法子去面對？有時候，我們若能易地而處，保持距離，或許會有不同的看法。

助人者可默記這些問題，當留意到受助者有負面思想時，可以透過提問，幫助他放下思想的包袱。

查探自己的負面思想

1. 有什麼證據支持我的理解？
2. 有什麼證據推翻我的理解？
3. 有什麼證據支持這件事情的發生是與我相關呢？
4. 我這樣推斷是否符合邏輯？
5. 有沒有其他可能的解釋？
6. 有什麼最壞的事情會發生？
   我能夠面對它嗎？
   有什麼最佳的事情會發生？
   最接近事實的結果是什麼？
   回顧過去，我預計發生最壞事情的比率是多少？
7. 若事情真的發生，這就證明我是一個怎樣的人嗎？
8. 若有朋友與我處境一樣，我會如何安慰他？

4. 認知重整之旅

為了幫助讀者了解認知重整如何進行，筆者現在舉例說明。

例子的主人翁是 Susan，她跟 Mary 是同班同學，被編排在一組，她們合作做一次報告，Susan 努力地製作 powerpoint，當她停下來稍作休息，Mary 便一聲不響地，把她已做好的 powerpoint 再整理一次。Susan 感到十分挫敗和氣餒，以下是她重整自己負面思想的一個歷程：

認知重整之旅（Susan）

情境	情緒反應	自動思想	認知扭曲	衡量和查問證據
Mary 一聲不響把我已做好的 powerpoint 再整理一次。	挫敗 氣餒	我做得不夠好 我總是一無是處	武斷推論（arbitrary inference） 思考二分法（all or nothing）	有沒有足夠證據顯示她重新整理一次便代表對我不滿？ 有沒有可能她只是想幫忙？
假設／預計	**另類反應**	**搜集更多證據（重新解構）**	**信念指數（%）**	**情緒反應**
我可能是急了一步！可能她看不出我已經把 powerpoint 做好，又或者她是想幫忙！又可能她是暗地表達不快！	我的確是急了一步，她這樣做其實不錯，這正正是我對她的請求。	與 Mary 對質過後，她表示覺得在我未開口要求之前，便應該主動幫手。	80%	感覺舒緩，更覺感謝。

個人成長習作

1. 試以「自我思想紀錄表」記錄自己一些不愉快或壓力事件，並按紀錄表的提示，重整自己的負面思想。讀者可參考 Susan 的例子，頁 212 的紀錄表是一個簡單版。
2. 追溯自動負面思想背後的核心信念，試以〈2 清理未了結的帳〉來檢視這些核心信念背後的歷史事件。

個人成長提示

1. 先將查探自己負面思想的提問，應用在自己的思想上；熟練這些提問，並有第一身的體驗，能更有效助人挑戰他們的負面思想。
2. 平日與朋友交談，若對方有一些不合乎現實的情緒反應，試了解他們有沒有以上八種扭曲思想的傾向。

自我思想紀錄表

不愉快或壓力事件 時間、人物、地點、事件經過、性質。	
情緒、心情 列出所有情緒，以及每種情緒的強烈程度（0-100%）。	
當時的思想 列出所有事件發生時出現在腦海的想法和意念，然後圈出最強烈的想法。	
後果 事情的結果，你採取的行動或決定，事情的好與壞的影響。	
偏差的思想 我對這事的看法有哪些思想上的偏差，是導致或加深我的困擾？	
較全面、合理的思想 我可以用什麼新的、較全面的想法去代替現有的思想、減輕自己的困擾？	
心情重估 將第二行的情緒再抄一次，然後評估每種情緒現時的強烈程度（0-100%）。	

（轉載自 D. Greenberger & C.A. Padesky（1995）. *Mind over Mood.*）

本章參考書目

南琦著：《情緒自療 Easy Go》，台北：遠流出版事業股份有限公司， 2004。

Beck, A.T.（1976）. *Cognitive Therapy and the Emotional Disorders.* N. Y.: Intl Universities Press.

Beck, A.T., Rush, A.J., Shaw, B.F., & Emery, G.（1979）. *Cognitive Therapy of Depression.* N. Y.: The Guilford Press.

Burns, D. D.（1999）. *The Feeling Good Handbook.* N. Y.: William Morrow and Co.

Greenberger, D. & Padesky, C.A.（1995）. *Mind over Mood: A Cognitive Therapy Treatment Manual for Clients.* N. Y.: Guilford Press.

12

情：
情緒健康的流露

沒有情緒就沒有真正的知識。
我們或許可以察覺到真理，
但只有在我們感受到它的力度時，
真理才屬於我們。
頭腦上的認知總要加上感性的經歷。

Arnold Bennett，英國文學家

釋放情緒之旅（Sam）

我自小就是一個情緒敏感的人，欣賞感人的電影或電視劇時都會落淚。但不知從什麼時候開始，發現原來別人看見我的眼淚時會取笑我，說：「男孩子居然愛哭！」不知怎的，我就學習隱藏自己的感受。

少年時代，喜歡球類活動，活動過程中總會有一些碰撞和損傷。曾見過一位瘦弱的朋友，搶球時不慎跌倒，擦傷了膝頭；他竟然放聲大哭，給身邊的男孩子取笑，我本想去安慰他，也不敢輕舉妄動，怕同樣被取笑。

這種情感的壓抑，使我甚至在父親去世時，也沒法在人前掉下哀傷的淚；我痛恨自己，為什麼失去父親也不懂痛哭一場。

畢業後我在商界工作，急促的生活節奏、競爭的工作環境，加強了自己要冷靜、理智處理情緒的態度；工作壓力大時，會感到腰痠背痛、甚至因飲食不定時產生的胃痛，「打機」是我最佳的減壓方法；但我仍將自己的身體當作一部機器，稍為休息後，又再在工作上拼搏。

直至認識現在的女朋友，我的感情世界才得到釋放。

女朋友是在教會認識的，她善解人意，對人關心，也敏銳人的需要。與她一起時十分舒服；相處期間，她問起我不少童年往事，我學會多表達自己的內心世界。

已經有一段很長的時間，我沒有觀看文藝片；但拍拖期間多看了，看到觸動的地方，女朋友會取紙巾拭眼淚，也許是感染吧！我也開始釋放自己的情感。

有一次，在教會聽到一位弟兄分享，他說自己也是個情感壓抑的人（原來大部分男孩子都是這樣）。他在一次小組活動分享中，掙扎了幾分鐘，才容許自己在朋友面前，流下第一滴成長後的眼淚，之後感到很大的釋放，或許身邊人的接納和認同，使他將心中的真感情流露，他的見證也引起我的共鳴。

有一次，女朋友陪我到父親墓前掃墓，或許有一個傾訴對象在場吧！我回憶起父親在自己童年的影響和故事，想起他是個沉默的人，我是多麼渴望得到他的肯定；但失去了父親，像失去了一個被肯定的機會。女朋友問，那麼你現在感受如何？我就放聲大哭起來，面對自己親人去世之痛，我壓抑多年的哀傷，終於可以在父親墓前大哭一場。

之後，我開始將自己面對的工作壓力，或人際關係引發出來的情緒感受，多向女朋友分享；不知怎的，我身體上的一些毛病減少了，這大概是勇敢釋放情緒的正面結果吧！

1. 情緒

有關情緒的討論，情緒取向輔導（Emotionally Focused Therapy）大師 Greenberg 有詳盡的講述和理論方面的貢獻。

1.❶ 情緒的重要

從正面來說，Greenberg（2002）認為，**當情緒有效使用時，它可以幫助我們處理自己內心及人際關係。**Greenberg 在他的書中舉出詳細的例子，告訴我們情緒的正面作用，現將重點表列如下：

如何有智慧地運用情緒

- 情緒是人給自己的信號
- 情緒統籌人的行為
- 情緒監察人的關係狀況
- 情緒評核事情是否按個人的期望進行
- 情緒是對別人的信號
- 表達是重要，但不一定能把錯誤糾正
- 最重要是懂得決定如何回應這個信號
- 思想把情緒注入觀點，並賦予意義
- 情緒促進學習

1.2 情緒的分類

根據 Greenberg 的分類，情緒反應有四種：

（一） 有效的基本情緒（adaptive primary emotion）：健康的主要情緒；

（二） 無效的基本情緒（maladaptive primary emotion）：慢性的惡劣情緒；

（三） 次要情緒（secondary emotion）：遮掩了基本情緒的過敏或防衛性情緒；

（四） 工具性情緒（instrumental emotion）：被人利用來取得個人所求，具影響力、甚至有時是種不良的情緒。

若以圖表及例子說明，這四種情緒反應的形態如下：

四種情緒反應

（一） **有效的基本情緒反應（adaptive primary emotion response）**：不需學習，對處境直接的反應。

處境：被得罪 → 基本情緒：憤怒 → 有效的行動：保護自己

（二）**失效的基本情緒反應（maladaptive primary emotion responses）**：學習得來的，對處境直接的反應。

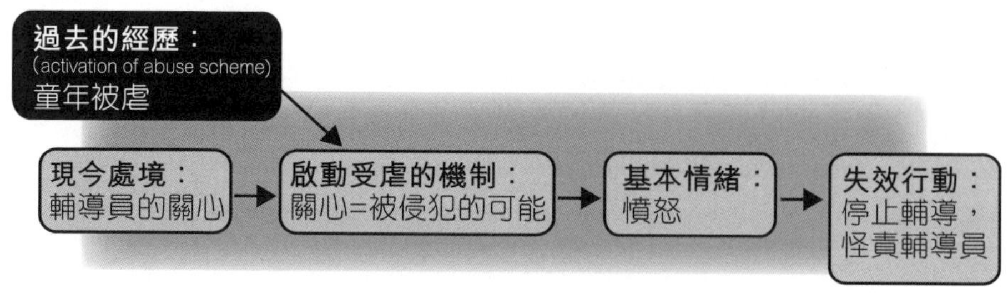

（三）**次要過敏情緒反應（secondary reactive emotion response）**：有效的基本情緒被次要的情緒所遮掩。

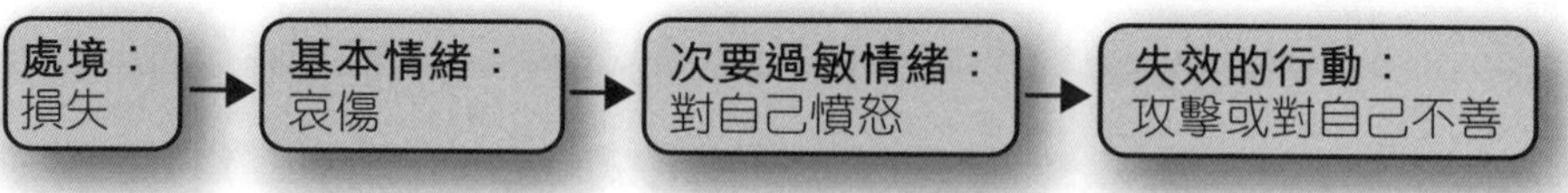

（四）**工具性情緒反應（instrumental emotion responses）**：脫離實際處境，帶有動機的情緒表達。

2. 情緒表達的軌迹

情緒是我們對事情的自然反應，反映了我們如何理解所發生的事情。所以，當我們能了解和整理自己的情緒，就不會落入一種迷惘、不知所措的景況。能描述情緒，也就對面前困難的處境多了掌握。

研究情緒的專家，告訴我們原來**情緒表達有幾個重要步驟，我們若要幫助人整理情緒，就要看他在哪一個關口出現問題而作出協助。**

我在《輔導小百科》提到，情緒的反應很快，但由情緒出現到將它表達出來，原來有四個重要步驟。

第一是**察覺情緒的出現**，我們身體的反應如心跳、呼吸急速、肌肉收緊、面部表情，都是反映情緒出現的信號，了解這些信號背後的含意是第一步。

第二是**給出現的情緒一個名字**。有研究男性情緒問題的，發現男士形容情緒的詞語太貧乏，甚至找不到形容自己情緒的字句，學名稱為 Alexithymia（情緒失認症）。

當一個人了解並能給某種情緒一個名字，第三步是**視乎他是否接納自己有這種情緒**。若以 Greenberg 的情緒反應角度來看，要協助人們辨識自己的情緒反應，是否屬於該處境內的基本情緒；如果不是，便要**協助他們把基本情緒發掘出來；也可以一起評定這種情緒在當前處境是否屬健康**。健康的話，便應利用它作為下一步行動的指引；若被評為不健康的話，我們可協助他認清這些情緒帶來的負面聲音，加以糾正。例如男性怕流露哀傷的情緒，覺得這是弱者的行為，這些對某種情緒的負面看法，會影響他不去表達自己的情緒。在這方面，我們要認識到情緒沒有好壞之分，它是心理狀態的溫度計，告之我們的狀況，好讓我們作出合理的行動。例如哀傷是由於為失去的事物難過，這是正常的。流淚反而是有勇氣的表現。

最後一個步驟是處境問題，雖然一個人接納自己辨認出來的情緒，他也要看當時的場合是否適合表達，聆聽他表達的人的反應如何。提供一個安全、被接納和自由的空間，讓人探索其複雜、幻變的情感，自在地漫遊內心世界，確是一件寶貴的事情。

3. 從內疚到哀傷

我們可以如何了解和分析情緒，分辨哪些是健康的情緒表達及處理它？以下是一個例子。假如少芳對你說：「翠瑩是我的好朋友，前兩天她自殺死了。雖然她一直患有狂躁抑鬱症（翠瑩自殺前已停止服藥來控制病情），但是如果我對她能關心問候多一些，她就不會自殺。」

你可以怎樣幫助她化解情緒的困擾？

若少芳認為好朋友的關心不足是翠瑩自殺的原因，她自責背後的情緒是內疚與憤怒，這是有效的基本情緒反應（adaptive primary emotion response）。不過，從少芳的描寫中，我們知道翠瑩的自殺並不是因為少芳關心不夠，而是她停止了服藥，這肯定不是醫生給她的指引，或許她受不了藥物的副作用而自己停服了。

所以，我們先替少芳表達自己內疚的情緒，這情緒建基於她的想法，是合情理的，但卻不是真正的事實。少芳若了解到翠瑩停服藥是主因，她就不用自責。

少芳失去好朋友，這是一個很大的損失，在她的處境中，最健康和基本的情緒是哀傷。所以，少芳除去內疚後，我們就要幫她面對哀傷。

不過，事情並不一定能以直線順利進行，少芳可以因着過去一些未處理好的哀傷，而否認或不敢進入哀傷的歷程；我們可能要多花一些時間，了解她對哀傷的負面經歷和看法。當這些障礙都清理了，少芳最直接的反應，就是在你面前大哭一場，訴說最不捨得翠瑩離去的原因是什麼。

這也是我們助人正面處理情緒的步驟。

個人成長習作

筆者在《情緒有益》一書，收集了一個名為自覺輪的習作，對覺察自己的情緒很有幫助，節錄如下：

「自覺輪」練習

自覺輪將人的狀態分成五方面：感觀、渴望、情緒、思想、行為。「感觀」是指我們五官的感覺，例如聽到什麼、看到什麼等。「渴望」是指我們的期望和行為的意圖（intention）。「情緒」是我們在某些經驗中直接的情緒反應，這些反應可以是內在或外在的表徵，例如當你內裏感到憤怒時，你外在的表現可能是肌肉緊張、面紅耳熱、大聲說話等。「思想」是我們情緒的背後想法，直接或間接影響我們的情緒。「行為」是我們在整個經驗中的實際行動和反應。

舉例說明，有一位朋友從「自覺輪」練習，了解他有以下情況：

感觀：我看到一位舊同學迎面走來。

渴望：我不想與他交談。

情緒：我感到不自在和自卑。

思想：舊同學在事業上步步高陞，相比之下，我遠遠不及他，我不想被他查問近況，我是一個失敗者。

行為：繞道而行，逃避去了。

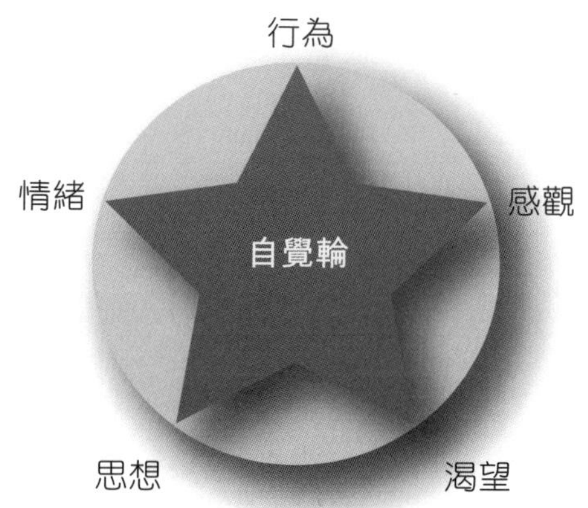

這位朋友當時不自覺地繞道而行，這種反常的舉動，他自己也有點莫名其妙；透過「自覺輪」的練習，他才分辨出自己當時複雜的情緒，背後是因為不能接納自己。當他多了解自己的想法，就可以嘗試作出改變。例如：他可以反問自己事業不及人，怎麼就等於是個失敗者？他可能在其他方面比舊同學優勝啊！而那位舊同學也可能沒有比高下的想法，對方也會衡量因比較而失去朋友是否值得。透過這些思想的透視，他就不會不自覺地逃避這位舊同學了。

事實上，在「自覺輪」上每一個狀況都可以是一個起始點，你可以從「行為」、或「渴望」推想其他的狀況，若對每個狀況都了解清楚，就代表我們的自覺能力高。知道自己為什麼如此？在做什麼？感受如何？這就是情緒資質的基礎了。

試回想一個強烈的情緒片段，利用「自覺輪」的不同狀態，將這情緒具體呈現出來。

片段：

人物：

事情：

我的主要情緒是：

這情緒反應是因為我

感觀到什麼？

渴望或希望什麼？

我的想法是什麼？

我在這片段中的行為，告訴了我一些什麼？

（上述錄自《情緒有益》）

助人成長提示

1. 要助人處理情緒並不是一件容易的差事。首先，我們對情緒要有正面的看法，並勇於接觸自己的情緒。

2. 要分辨哪四種不同的情緒反應，我們要對個別情緒的面貌多了解和認識，讀者可透過《情緒有益》一書內有關不同的情緒如憤怒、內疚、羞恥感等作全面的了解，便能更準確辨認處境與某種情緒是否合情合理。

3. 增加自己對情緒表達方法的運用，如透過畫畫、音樂、文字或溝通等都是理想的表達方式。我們幫助的對象可能習慣某種表達方式，多一些工具在手，會更加有效助人。

本章參考書目

區祥江、李兆康著：《情緒有益》，香港：突破出版社，2015。

黃麗彰著：《情緒傷害的醫治》，香港：突破出版社，2006。

區祥江著：《輔導小百科》，香港：突破出版社，2008。

Greenberg, Leslie S. (2002). *Emotion-focused Therapy: Coaching Clients to Work Through Their Feelings.* Washington, DC: APA.

Wong, Y. Joel, & Aaron B. Rochlen (2005). Demystifying Men's Emotional Behavior: New Directions and Implications for Counseling and Research. *Psychology of Men & Masculinity,* Vol. 6, No. 1, 62-72.

13

意：意志力的鍛煉

我們很多的夢想，
起初都是看似不可能（impossible）的；
之後，
它們像未必會發生的（improbable）——
直至我們的意志力被召喚起來，
夢想便變成不可能不成真（inevitable）。

Christopher Reeve，美國演員、導演

我終於完成了博士論文（區祥江）

進修的過程中，最考驗意志力的是撰寫論文。記得幾年前，收到學院給我的消息，說我的論文通過了；那時候的喜悅，就像一個流淚撒種的農夫，終於看到自己的收成，這份高興很難用筆墨形容。現在回望，才驚覺自己頗有毅力。

由於我已有一份全時間的工作，於是要以短期密集上課的方式去修讀博士學位。每次上課都要請假兩、三星期到美國，上課前先看三千頁書，回來後又要寫一篇長文。如是者，到美國修了四科必修科之後，便進入寫論文的階段。

我用了大概半年時間撰寫論文的建議書，得到學校和導師的核準後，便開始寫作論文。寫作前的資料搜集，我像一個飢餓的人，將一切有關的素材，都狂吞硬塞進腦子去。買有關的書籍、上網搜尋相關文章、資料分類後，足足裝滿了七個文件夾。資料整理後，放進自己論文的大綱，然後在腦海裏反復消化、整理。這樣，半年過去了。

萬事起頭難，筆有千斤重，遲遲都未能下筆。語文是一個挑戰，用英文寫作長文還是第一次。內心一些負面思想跳出來，說：「你的英文水準一般，要寫好論文，不知要修改多少次？」幸好當時收到一份以英文撰寫的功課，老師給我一個「A」，還得到他的稱讚，這像一劑強心藥；於是我在電腦面前，不顧成敗、放下對自己的負面看法；思想像水傾瀉，將要寫的都寫出來。足足有三個月時間，我用了所有公餘時間，日以繼夜地寫。

寫論文另外一個煩惱是註腳（footnotes）的編輯，每一處引經據典的文字，都要加上註腳；而註腳又有一定格式，一點一劃都考究。幾百個註腳的論文，不知花去我多少個小時來整理。

負責審讀內容的導師通過論文，只是成功了一半；接着是格式導師的批改。收到已批閱的論文，然後要修改論文格式，這是一個很消磨鬥志的過程。單是修改格式，已用了我整整三天的時間。但這一切一切，都不算得什麼。一本釘裝完成、黑色硬皮面的正式論文捧在手上，才是最大的獎賞，是的，我終於完成了博士論文。

有一句經文在這過程中成為我的鼓勵：「我們這至暫至輕的苦楚，要為我們成就極重無比永遠的榮耀。」（《聖經．哥林多後書》4 章 17 節）

1. 意志力最派用場的地方

很多人稱意志力是一個人的成敗關鍵，我相信這與意志力最派用場的地方有關。**最需要我們運用意志力的有兩個境況。第一是追求遠大的理想**：追求理想要經過艱苦的奮鬥，長時間的埋頭苦幹，若沒有意志力去堅持，容易半途而廢，一個人的成就自然有限。

第二是面對試探：年輕人面對社會文化如消費、色情、網絡世界五花八門的吸引，很容易墮入物質的引誘。執筆期間，看到不少少女為了得到名牌貨品，不惜出賣自己的身體。這雖是較極端的例子，但電子遊戲、網上的沉溺行為，都是因為自己的定力不夠，花了大量時間於一些即時享樂，忘卻自己的讀書或工作責任。**能夠延遲即時的滿足（delay of gratification）是一個人成長或成熟的指標。**沉迷聲色犬馬的活動，正經及應當作的事自然就會被忽略。所以，**不論是追求個人理想或面對引誘，意志力都是最派用場的地方，它也是一個人成功的祕訣所在。**

2. 意志力的兩個比喻：肌肉與儲備

有人提過，意志的心理現象隱含矛盾和對抗的力量，此矛盾由環境的誘惑力與相抗衡的內在力量所構成，當內在力量勝過外在誘感時，我們稱為有意志力的表現。

若以力量形容，肌肉是一個很好的比喻。像一個人舉重，若慢慢練習，並逐漸加上重量，我們的肌肉便強壯起來。我們要鍛煉意志力的「肌肉」，例如，我們知道跑步對身體好，並且是減肥良方，但要每天風雨不改定時做運動，需要相當強的意志力，如果天氣不佳、心情不好想偷懶，意志力鍛煉就是要克服這些不利因素；成功的次數愈多，我們意志力的「肌肉」愈強。

但肌肉的比喻有其限制，因為一個人的意志力「肌肉」強，理論上可以克服等量的引誘；但不少例子告訴我們，人對金錢、性或食物等引誘的抵抗力因人而異，一個人能抵擋金錢的引誘，未必能勝過性或食物的引誘。

另外一個可以作補充的比喻，就是意志力像一個儲備、一個水塘，是會透支的。要抵擋引誘，便需要在意志力的水塘取水，不過同一時段內提取太多，會令意志力下降。

近年意志力研究則多採用這觀點：**我們的意志力是會泄氣的（ego depletion）**。這模式稱為資源模式（resource model），研究發現，應付不同的引誘，或要追求目標所用的心力，都是源於同一個資源；而這資源並非取之不盡，它是有限地供應的（resource is limited）。例如，一個成功以意志力戒煙的人，可能會無力去節制自己的飲食。又或者一個平日能抵擋吸煙引誘的人，開了整晚夜工後，也會因意志力下降而吸煙。

這些比喻給我們對意志力的鍛煉有什麼啟示呢？第一，**我們知道意志力是可以鍛煉的，平日勤加鍛煉是有益的。**但是，我們也要知道，哪一些是我們的死穴或最脆弱的地方，**在一個領域有意志力抵擋誘惑，並不擔保在另一領域也能抵擋。**「英雄難過美人關」，英雄能憑一己的鬥志，打敗無數敵人，但美人關卻是他的死穴。例如，男人最容易受到金錢、性和權力（money, sex and power）的試探，故此要提高警覺，不可高估自己。

第三，資源模式提醒我們，就算肌肉也有透支（exhausted）的時候，不可長期面對多項引誘或挑戰；**知道什麼時候要給自己歇息、加油、重新充電，是我們運用意志力的智慧。**

3. 增強意志力練習

我們可以透過跨越內在或潛意識抗拒去做的事情，來訓練和增強自己的意志力，使意志力的肌肉強健起來，克服內在的抗拒感（inner resistance）。

我們或因懶惰，或因內在有抗拒而不願去做一些日常生活的事情，嘗試**每日操練去做以下事情，增強意志力**：

- 乘坐巴士或地鐵，見到老人家或孕婦，雖然你寧願其他人讓座，但你依然起來給他們座位。你這樣做，除了日行一善外，更重要是因為你曾抗拒讓座，如此，你就能勝過自己身心靈的抗拒；
- 廚房有碗碟要去清洗，本來你想遲一點才去。你知道這是鍛煉自己意志力的方法，為此你說服自己完成這項任務，立即就站起來去洗這些碗碟吧！這對增強你意志力是很重要的；
- 你呆坐家中看影碟，但你知道自己的身體需要做運動，便立刻起來，外出跑步或進行其他運動；
- 有時你想說一些無聊話，要自我克制不要說出來；
- 不要看八卦新聞，雖然它們吸引力十足；
- 當你很想吃零食，要向自己的慾望說聲「不」；

- 你若發現自己有一些「無厘頭」、負面的思想在腦海中盤旋，嘗試對這些想法表示乏味，找出這些思想無聊的地方。

透過以上練習，從少至多、從易至難，你意志力的肌肉，就漸漸鍛煉得強而有力起來。

4. 確想達到，有賴意志力

心理學家 C. R. Snyder 是研究盼望心理學的專家（psychology of hope），他建構的盼望理論由兩種力量組成，包括變通能力（way power）及意志力（will power）。我們要達到理想，過程中會遇到不少阻礙。所以，變通能力是如何跨越障礙及另找他法的能力。**變通能力愈高的人，對未來的盼望就愈大。如要達到理想就要不斷堅持，忍受目標遲遲未達時的不明朗及情緒低沉，這就要仗賴意志力發揮力量。**

Snyder 總結了一些增強意志力的策略，不少是態度和心態的調適，簡述如下：

- 告訴自己，那目標是自己選擇的。所以，你有責任完成。
- 學習與自己正面對話（例如：我做得到！）。
- 預計障礙的出現，視這些困難為一種挑戰。
- 回想自己一些成功達到目標的經歷，作為自己的鼓勵。
- 要有幽默感，有時候可藉取笑自己來減低目標未達的壓力。

- 不要只集中注意是否能夠達到目標，嘗試享受當中的過程。
- 恆常運動。
- 充足睡眠和休息。
- 若心情不佳，找朋友傾訴，或做一些自己喜歡的事情。

5. 如何面對引誘——「快閃」

「珠玉在前，仍不受引誘。」我們通常用來形容這個人有定力，但原來面對引誘，最佳的方法並不是靠個人的定力。

《聖經．雅各書》1 章 14 至 15 節對引誘的形成有很精到的描寫：「但各人被試探，乃是被自己的私慾牽引誘惑的。私慾既懷了胎，就生出罪來；罪既長成，就生出死來。」

不論是美食或美女在前，這些都是外在的刺激（stimulus），挑動起我們裏面的慾望（desire）。我們被引誘所勝，是源於內裏的慾望。慾望有一個懷胎的過程，當慾望被牽引出來，我們任憑它不斷擴大；在這孕育的過程中，我們會告訴自己，滿足這慾望有什麼問題？所有人都是這樣做，我又何必自以為清高？為自己找藉口說這沒有什麼大不了的後果；當這些思想鬥爭不敵內心的慾望，慾望就成形，並付諸行動。貪圖美食或美色都是類似的引誘機制。

所以，**戰勝引誘最大的敵人是自己。有時候我們太高估自己的能力，以為能抵抗引誘。雖然不同引誘有不同強度，但其實對付引誘的最佳方法，是不要**

讓自己內心的慾望懷胎或容許慾望成形；最有效的方法是「快閃」：逃離現場。

聽過一個故事：有一位單身男士經常要上大陸公幹，晚上要到色情娛樂場所應酬，面對很大的引誘。這位男士知道完全不應酬是不可能的，但又不想跌進色情的陷阱，他就吩咐自己的妹妹，每逢他到這些地方，一到晚上十時妹妹就致電給他；他可以藉聽電話逃離現場，這也不失為一個很好的方法。

同樣道理，不想自己沉溺於電腦遊戲，最直接的方法是遠離電腦；到外邊走走，或找朋友聊天，或到一處沒有電腦的地方溫習功課。離開引誘源頭，有朋友的看守和提醒，是面對引誘的妙法。

認識自己在什麼情景、心靈狀態，最容易受什麼引誘；知道慾望並不一定會成形，儘快設法逃生，不讓自己跌進誘惑，是必勝的法門。

6. 降服於更高的意志

一個人單靠自己的意志力去面對引誘，不少時候都會失敗，被一己的內心慾望所勝。這種一己內心兩股勢力的對抗，帶給人內心不少煎熬，是相當實在的。

使徒保羅在《聖經》內對這內心掙扎的描寫，給人不少共鳴，他說：「我也知道，在我裏頭，就是我肉體之中，沒有良善。因為，立志為善由得我，只是行出來由不得我。故此，我所願意的善，我反不做；我所不願意的惡，我倒去做。若我去做所不願意做的，就不是我做的，乃是住在我裏頭的罪做的。我覺得有個律，就是我願意為善的時候，便有惡與我同在。因為按着我裏面的意思（原文作人），我是喜歡神的律；但我覺得肢體中另有個律和我心中的律交戰，把我擄去，叫我附從那肢體中犯罪的律。我真是苦啊！誰能救我脱離這取死的身體呢？感謝神，靠着我們的主耶穌基督就能脱離了。這樣看來，我以內心順服神的律，我肉體卻順服罪的律了。」（《聖經．羅馬書》7 章 18 至 25 節）

他提到有兩個律在內心交戰，出路並不是靠自己的意志力，而是降服於一個更高的意志；他知道自己信仰的神何等愛他，就降服於祂的愛和意志下，於是內心有一種超越自己的力量，不再單憑意志力仍可以戰勝引誘。撇開信仰，這也是不少人的經歷。**為什麼自己有力量去捱過一些痛苦或艱苦的時間，就是因為不願意令愛自己的人失望，或得到愛自己的人勉勵。**因為他們不放棄自己，所以，自己也有一種由「他力」而來的意志力，要繼續努力下去不放棄。

有兩位《聖經》人物都受到性的引誘。大衞因為放鬆自己的警覺，就被私慾所勝。約瑟天天受到主人的妻子引誘，但他能夠勝過，逃脱這試探，是基於不想得罪所信仰的神。**原來降服於更高的意志，不單靠自己的意志，可能是一種更強大的力量呢！**

個人成長習作

1. 試完成以下的意志力量表，並評估自己意志力的高低。
2. 試分析問卷中較低分的題目，與以下哪方面較有關連。包括：

   (a) 未能坐言起行

   (b) 抵受不了一些外在引誘

   (c) 缺乏清晰的個人目標

   (d) 未能貫徹始終完成事情

   (e) 缺乏變通的能力

意志力量表

(採用北京師範大學修訂量表)

指示：以下 20 道題，請你對每個題目從五個選項（是，有時，是否之間，很少，不是）中選擇一個（只能選擇一個）。

一、題目

1. 我很喜歡長跑、長途旅行、爬山等體育運動，並不是因為我的身體條件適合，而是因為它們能使我更有毅力。
2. 我對自己訂下的計劃，常常因為主觀原因不能如期完成。

3. 如果沒有特殊原因，我能每天按時起牀，不睡懶覺。
4. 所訂的計劃應有一定的靈活性，如果完成計劃有困難，隨時可以改變或撤銷它。
5. 在學習和娛樂發生衝突的時候，哪怕這種娛樂有多大吸引力，我也會馬上決定學習。
6. 學習和工作遇到困難時，最好的辦法是立即向師長、同學求助。
7. 在長跑中遇到生理反應，覺得跑不動時，我常常會咬緊牙關，堅持到底。
8. 我常常因讀一本引人入勝的小說而不能按時睡覺。
9. 我在做一件應該做的事之前，常常能想到做與不做的結果，且有目的地去做。
10. 如果對一件事不感興趣，那麼不管它是什麼事，我的積極性都不高。
11. 當我同時面臨一件該做的事和一件不該做卻吸引着我的事時，我常常經過激烈的內心鬥爭，才讓前者佔上風。
12. 有時我躺在牀上，下決心第二天要幹一件重要的事情（例如學外語），但到第二天，這種勁頭又消失了。
13. 我能長時間做一件重要但枯燥無味的事情。
14. 生活上遇到複雜的情況時，我常常優柔寡斷、舉棋不定。
15. 做一件事之前，我首先想到的是它的重要性，其次才想我是否感興趣。
16. 我遇到困難情況時，常常希望別人幫我拿主意。
17. 我決定做一件事時，說幹就幹，決不拖延或讓它落空。
18. 在和別人爭吵時，雖然明知不對，我卻會忍不住說一些過火的話，甚至罵他幾句。

19. 我希望做一個堅強、有毅力的人，因為我深信「有志者事竟成」。

20. 我相信機遇，好多事實説明，機遇的作用有時大大超過個人的努力。

二、計分辦法：

1、單號題 1、3、5、7……等每題後面的五種答案依次是 5-4-3-2-1 分

2、雙號題 2、4、6、8……等每題後面的五種答案依次是 1-2-3-4-5 分

計算 20 道題的得分之和。

三、意志力層次

81-100 分，意志很堅強

61-80 分，意志較堅強

41-60 分，意志力一般

21-40 分，意志較薄弱

0-20 分，意志很薄弱

如果屬於後三類，那就要鍛煉良好的意志力。例如：堅持、執著、責任心、毅力、專注、忍耐、積極、頑強、不服輸、不怕失敗等，這些都是能達致成功的重要品質。

（資料來源：http://ququ1964.blog.sohu.com/42999363.html）

個人成長提示

1. 要分辨受助者在什麼領域中的意志力最薄弱，最受不了引誘？是否缺乏完成目標的毅力？

2. 幫助他們明白自己最易受引誘的「死穴」，並分析逃離現場的「可行出路」。

3. 定時與年輕人檢訂目標達到的程度，並對如何達到目標作出鼓勵及建議。

4. 相約年輕人長期一起跑步，鍛煉意志力的「肌肉」。

5. 可從「增強意志力練習」中選幾項，給受助者作操練。

6. 可挑戰受助者在面對障礙時的負面思想，試另找些自我鼓勵的對話取代負面思想。

7. 用對年輕人不離不棄的愛心來鼓勵他們向上，引發鬥志。

本章參考書目

Baumeister, R. F., Muraven, M., & Tice, D. M.（2000）. Ego Depletion: A resource model of volition, self-regulation, and controlled processing. *Social Cognition,* 18, 130-150.

Muraven, M., & Baumeister, R. F.（2000）. Self-regulation and Depletion of Limited Resources: Does self-control resemble a muscle? *Psychological Bulletin,* 126, 247-259.

Snyder, C. R.（1994）. *The Psychology of Hope: You can Get There from Here.* N. Y.: Free Press.

四十年的成長故事

多年前我在突破機構的領袖訓練中心，開辦了一個名為「成長的障礙與契機」的講座。講座完畢，我邀請參加者將自己的成長片段，寫下來寄給我，作為我日後寫作時的材料。

可是，我一直收不到任何稿件。日子過得很快，直到兩三個月後，我才收到一個厚厚的公文袋，就是以下賴小姐的真實故事。我一口氣看完她的故事，欣賞她的真誠和勇氣。

要揭露自己成長的創傷與起跌，不是一件容易的事。她以生命的不同階段來寫出自己的故事，從她的描述，我們不但看到她成長的契機所在，也看到她生命經歷中不斷出現的主題。例如：她對父親的情意結、早年感情創傷令日後對感情產生猶豫、因出身自卑而一直努力奮發向上等，這些都是有迹可尋的成長主題。

希望你能細心閱讀她的故事，並尋索她成長的契機。或許，這也能引發你寫下自己的故事，甚至自傳。在書寫的同時，緊記要不斷反省與整合。

現在就讓我們一同進入她的生命故事；讓她成長的掙扎和努力，激勵你我。我會在故事後，加插一些自己的觀察和成長契機的分析。

引言

我的故事很平凡，生命裏有平順的日子，也經歷過一點風浪，嘗過人生的苦與樂。回想過去，勾起很多回憶和生活片段；腦際間，存在着種種快樂、悲傷、遺憾等感覺。原來寫自己的故事，是一個幫助自我整合的過程，對於認識昨天的際遇如何影響、形塑今天的性格、情緒、行為，很有幫助。

雖然以下的故事，未能盡錄我人生每一個經歷，但已記下一些重要的生活片段，它們對我日後處事的態度有一定影響。我與重要人物的相遇，往往是影響我日後人生方向的關鍵。我希望自己的經驗，能幫助一些想要放棄自己的年輕人，激勵他們不要自暴自棄，明白生命總會有出路。

童年的我

童年的我，經常活在懲罰、責備、取笑中，生活不算快樂。我們與祖父母同住公屋，家境雖不富裕，但我卻喜歡三代同堂的感覺。父親身為長子，肩負家庭的經濟擔子，加上酗酒嗜煙、好搓麻將，令他脾氣暴躁，沉默嚴肅。

父母受教育的機會較少，管教子女欠良方。他們的管教方式，導致日後我不喜歡自己。小孩時的我，感到父親給我的愛很少，且重男輕女，所以時常不滿和反抗他。少年時期，我膽小怕事，也不是讀書的材料，常因功課趕不上、成績不及格遭父親責罰，被他罵我愚蠢。漸漸地，我懼怕發問，懼怕犯錯。缺乏長輩的接納和鼓勵，我變得無心向學，經常做白日夢，表面上常以「服從」去取悅父母，但心裏卻十分憎恨父親。

少女時代

十七歲那年，我完成實用中學三年制的課程及一年制工業學院的訓練，便結束了學生身分，告別校園。在父親的朋友推薦下，出任公司會計文員，提早進入複雜的成人世界，脫離了天真和愛幻想的青少年階段。

當時我覺得自己與一般青少年很不同，我的姊姊仍在求學，但排行第二的我已經要工作了。工作了四年，我的人生目標盡是賺錢、照顧家庭，既沒有理想，也談不上抱負；像在步父母的後塵，按照他們的意願與期望去生活。年紀輕輕的我，性格十分內向，害怕被人欺負，什麼事也只懂逆來順受，藏在心裏，不願告訴家人。內心深感世界冷酷無情，經常懷疑自己的存在價值，覺得人世間的愛只講條件，縱是父母也是如此。那時我很喜歡裝扮，希望藉此肯定自己；然而內心卻鬱鬱寡歡，憤世嫉俗。

我經常幻想着拍拖、結婚，一直希望有個男朋友，以愛情補償家庭中缺乏的愛。十九歲那年，我與部門主管拍拖。其實他早已有女朋友，而且認為我的文化水平很低，他根本沒有喜歡我。他說只把我當作妹妹，只是因為知道我很喜歡他，所以仍跟我一起，他徘徊在我與女友之間。

他離開公司後，我們便結束了這段關係與感情。我決定不再見他，因為我感到只是自己一廂情願地在單戀他，他最喜歡的還是他的女朋友。而且在青少年階段，我曾目睹母親因懷疑父親有外遇，生出種種情緒和行為，令我感到震驚，所以害怕三角關係帶來的傷害。

失去他之後，我的情緒變得很低落、很迷失，常在心裏問：人世間可有真愛存在？真善美在哪裏可尋見？為何學歷會成為別人選擇自己的條件？學歷低要被人輕看？失戀深深影響我往後的人生方向。為了出人頭地、不被人輕看、修補那被人傷透的自尊心、除去學歷不高帶來的羞恥感，往後十年，我為此付上沉重的代價。強忍淚水與孤單，我開始半工半讀的工讀生涯，先後在夜校完成英專及高中課程，參加會考。那段日子，我很孤單，因為只能與夜校同學一起學習，後期更因辭退了工作，時常一個人在家溫習。

雖然學費由自己支付，但我與父親的關係仍不和，因為我們不了解對方的心情和需要。在失意的日子，一位曾是同學，後來是同事的基督徒出現，成為我生命的轉機。我失戀時，她經常安慰及鼓勵我，又經常把《突破雜誌》借給我看，介紹我認識基督教信仰。我雖然曾就讀基督教學校，對宗教信仰卻不感興趣；然而經這位同事介紹，我開始接觸基督徒，深感基督徒的人生觀積極、有情，與惟利是圖的人不同。

閱讀《突破雜誌》，啟發了我對個人成長的認識，引發我對真善美的追求。可惜，當時我到教會聚會，只為了取悅同事，害怕失去這份友情；後來我深感教會只適合知識分子，不適合我，於是開始逃避，寧願專心讀書。當時我覺得上帝很遙遠，而且經常覺得祂不賜下懂得教育我的父母及家庭，就懷疑上帝是否真的對我好？真的關心我？對我公平嗎？團契中大部分基督徒都出身名校，完成大學教育；我覺得他們都比我幸福、聰明、有才學。與基督徒一起，我很封閉，怕被他們知道自己的弱點；不能接納自己，是我怯於加入他們的圈子的原因。現在回想，昔日我不懂珍惜跟他們一起學習的機會，真是可惜。

中學畢業後

二十四歲我完成中學課程，決定在一間基督教中學當文員，與昔日遇到挫折的商界疏遠。單純的學校環境，成為治療我內心創傷的最佳地方，有助個人康復。前後六年的文員生活很平靜，我比以前不再那麼着眼於外在的虛榮，開始閱讀各類有助理性發展的書籍，藉此加強自己在理性思維上對信仰的認知。

雖然我的內心仍渴望有男朋友，夢想拍拖，在學校也遇上心儀的男教師。但我仍被昔日的恐懼感籠罩，怕戀上學歷比我高的男同事，再度被嫌棄。心裏對於「愛」與「被愛」仍有恐懼，所以經常排斥自己與別人。

我沒有放棄進修的機會，在這六年間常夢想可以選擇的道路和機會。受到自己的慾望操控，我執著於尋求改變，希望再往外闖。當了六年文員後，我離開熟悉的工作環境，往別間機構當祕書。在沒有充足的訓練、缺乏部署的情況下，我因不能勝任遭解僱了。回想起來，都是因為自己的性格較衝動，對自己認識不足。我不能否認那份不甘平凡的衝動，同時也醒悟到自己的痛苦是由於資歷不足。遭解僱的事，我不敢告訴舊同事，這是因失敗帶來的羞恥感，亦源於早年在失敗中未經歷被接納。

雖然如此，我欣賞自己大膽嘗試的勇氣。因為離開一個熟悉的羣體，代表自己要脱離蔭庇，尋求獨立，很需要勇氣。直至現在，我才開始接納自己是會失敗的，不用為此感到過分羞愧。

當我還在學校工作時，我記得自己曾向一位宗教科主任提及個人的心理困擾，他建議我去接受輔導，印象中我曾與輔導員談了一段很短的日子便停了。那時我追憶過往的經驗，再次接觸自己的感覺，感到很難過，不期然掉下眼淚。若我當年能克服對愛情的懼怕，可能我已經結婚，進入人生另一個發展的階段。這位宗教科主任像位使者，他的出現改變了我往後對男性的觀感和解決問題的態度；日後當我有情緒困擾，我懂得尋求輔導，突破自以為是、凡事靠己不靠人的固執。

搬離老家，進入曠野

三十歲是重要的一年，透過前上司的轉介，我進到另一間中學任職；亦因此與父親產生分歧，在互相不能讓步的情況下搬離老家。此時我很憎恨他，常埋怨他短視、視財如命、責怪他自私；感到自己像賺錢工具，經常要為家庭着想，犧牲我的利益，剝削我回大專念社會工作的願望。當時我很想擺脱他對我的影響，在父親的命令下我搬走了；彷似進到一個曠野階段，當中遇到很多困難和壓力。這時要學習獨立和自我照顧，並在公餘時間選修喜歡的科目。

工作、人事關係、搬遷、經濟、進修等成為我的壓力。幸而我遇上嚴肅卻開朗的女校長，她是我成長中的一位良師益友，也是我這段既低沉又迷失的日子中的重要支柱。

當時我已經過數次搬遷，生活很不安定，身體因支撐不來，最終放棄了晚間課程。與此同時，我開始參加「突破」主辦的各樣營會，如簡樸營、福音營及成長小組，希望成長、擴闊視野。此時，我遇上日後影響我生命、前途的重要人物，我視這些重要人物為我的患難之交、我的師傅和弟兄。他們成為我日後的啟蒙老師，改變我對物質與生命的看法，幫助我認識自己，在成長層面、在心志上成熟。除了他們，上司、好朋友、親戚、老師也與我逆境同行，防止我因失去家人的支持而情緒崩潰。

我後來遷居長洲，先後轉往不同的機構工作，包括律師事務所及社會服務機構。往後幾年我的生活開始很忙，精神、社交方面變得很貧乏；失去家人的接納，我變得孤單、緊張和憂慮，開始不信任家人及其他人。我想我的意志力算是很強，我恐怕訓練不足而被公司淘汰，於是堅持公餘時間繼續進修祕書課程。在律師事務所當祕書的兩年，我像個工作狂，面對沉重的工作，經常加班。兩年後因人事經理認為我性格緊張，被迫辭職了。我再一次面對失敗，雖然問題不單單是我個人的責任，但緊張、憂慮的個性卻是我性格的一部分。日後回想，方發現離開那裏也有好處，否則我便不能進入另一階段的學習和挑戰。

走過幽谷

三十五歲後，幾年內我轉了數份工，行業亦由商界轉為社會服務界，這與我晚間修讀社會工作文憑課程有關。當時有感於商界的現實、人際關係的冷漠，亦感到自己的性情似乎不太適合於商界發展，所以嘗試在社會服務界找尋出路。修讀社會工作，是因感到自己的不足和無知，希望在思維方面受訓練，並提高社會意識，學習表達自己及與人相處的技巧。為此我付上代價，因日積月累的疲勞，導致頸椎骨關節受損退化；因應付讀書、考試及實習，放棄了在自己喜愛的機構任職，甚至失去了一份別人視作穩定的公務員職位。但亦因此有所獲得：人生的體驗、性格的磨練、思想的轉變，是我這幾年獲得的寶貴經驗和教訓。

印象中這幾年發生了一些重要的事情，確實改變了我偏激的性情，同時亦消減了自己的野心。一九九四年，我在一間位於油麻地的國際機構任職，當時我經歷了兩件事情，改變了我的人生態度。

那時在我工作地點附近，一間百貨公司發生石屎牆倒塌意外，並且有人死亡。倒塌時是非繁忙時間，我們出外用膳才知道意外發生。倒塌的現場經常滿佈行人，亦是我的同事常經之處。往後我常感到我們很幸運，人生禍福無常，人實在很有限，沒法控制及主宰明天。這次意外教訓我，不要為明天過分籌算和憂慮。

另一件事情，是我任職機構的外籍主管，與妻子自殺。所有同事都感到震驚，難以置信。他們的死，引發我許多思想，我常在心裏疑問：為何他們擁有的東西比我多，卻要選擇自殺去了結自己的生命呢？我醒悟到一個人縱使學歷很高、財富很多、地位很高，都不能避免碰到挫折。然而，用死去解決問題，並不是面對問題的方法。

他們自殺的消息，觸動我的心靈——過去我曾為生命中遇到的種種挫折，如與家人不和、分離、工作力有不逮、遭延長試用期、被解僱、孤單、工作壓力及失去心愛的人等，感到憤怒、恐懼和抑鬱，也曾想過結束生命，只是沒有勇氣。這位主管的死警惕我，不要將今生的榮辱得失看得太重，否則只會傷害自己。往後當我再次面對逆境時，我都以此為鑑，嘗試從另一角度去看事情，亦嘗試學習不以物質、財富和外表的虛榮，衡量自己的價值。放下自己、接受自己的限制、學習知足，是我往後年日不斷學習的功課。

發現幸福

我在社會服務機構實習及工作時，曾接觸過不少低下階層的人士，當中不少是社會上不幸的一羣。以前我偏激、憤世嫉俗、自憐自卑，常在心內怨天尤人；然而每當我與有言語障礙，或需要坐輪椅、靠支架才能站起來、天生弱智、肢體傷殘的人士接觸，我深受感動，對生命的態度改變了，明白到自己實在是無比幸運。

在他們身上，我發現人類的缺陷和軟弱，同時亦發現人類的美善。不論是弱智、肢體傷殘或自閉人士，他們大都不能自助，需要別人服侍，又需要學習照顧自己；但他們當中有些人比一般健全的人還要快樂、友善和單純。如果他們都沒有放棄生命，為何我要抱怨上天對自己不公平呢？

投身社會保障助理一職，讓我學習去聆聽、關心社會上孤獨無依、單親、長期患病、失業、吸毒人士的需要；感受到人世間各樣的苦難，是集體的，並不單屬於我。雖然工作量很大，接觸的人很多，晚上也要上課和實習，我仍滿腔熱誠，因為我感到不用申請政府援助，有工作和收入，已是一種福氣。或許與其他人比較，我的道路並不平坦；但與弱能人士比較，我已算幸福了，起碼我可以自由走動，幫助別人，自食其力。這是我與弱能人士接觸得到的啟迪及改變。

雖然四年的工作及大專生活，使我幾乎耗盡心力，身體也給拖垮了；但我仍感到生活充實、有意義，最開心的是不再局限自己，找到一個自主的方向。回想起來，真要感謝前機構的部門主管，當年狠下心腸要我離開，讓我學習獨自體驗、尋索自己的路。這幾年的生活有得有失，重要的是可以磨練自己，讓自己較以前獨立、堅毅，不再自憐，開始欣賞父母親當年堅持自食其力的做人態度。

冒險的一步

三十八歲才完成社會工作文憑課程，可算是大器晚成了。雖然期間曾想過放棄或暫時停學，但能夠有始有終地完成自己的心願，畢竟是一件樂事。畢業後加入失業大軍，生命進入另一段曠野期，在孤單中尋找自己的方向。這一年新的嘗試和轉變，也為自己的成長帶來障礙和契機。

新的嘗試，是單獨前往英國探望好友，第一次學習安排旅行事宜。雖然我住在朋友家中，仍能體驗到獨自乘車到處參觀的滋味，並學習跟陌生人攀談。我的方向感一向很弱，害怕迷失方向；不過這次來到英國這片廣大的土地，卻漸漸克服部分自信心不足的老毛病。

回到香港，我一直失業，而膝蓋的舊患亦打擊了自己轉行的信心，成為申請福利工作職位時的心理障礙，擔心身體應付不到工作的要求。

失業的日子雖是逆境，但可視為生命中的轉機。過去我不懂安靜和獨處，然而失業的日子給我獨處的空間。起初我很不習慣，非常害怕孤獨的感覺。但獨處給我反省生命的良機，空間多了，我開始多讀《聖經》、祈禱。發現自己過去常靠己力去解決生命的難題，而且常以別人的評價及外在條件，來衡量自己的價值，實在可憐，為此我吃了不少苦頭。現在我學懂放下「強人」的面具，開始認識和接納自己的限制，向上帝、朋友求助與傾訴。也因為此，我常獲得適當的援助。在朋友的安排下，我到教會、「突破」及其他機構做義務工作，並且透過朋友的轉介，在我現時的公司擔任臨時行政助理。

這段日子，我學習不再執著於自己的想法：例如必須在畢業後當社工。雖然，我仍不時與自己「不甘心」的思想抗衡，不過，放下執著倒是海闊天空。現在利用公餘時間當義工，將過去接受的訓練，應用到教會及社羣中。現在的工作，未必穩定，卻比較清閒。

臨時工作的試用期將於一個月後屆滿，未知上司是否決定繼續錄用我，不甘心被人操控命運的思想再次浮現出來。思前想後之際，前僱主提出學校有一空缺，可考慮接納我回學校工作。在考慮的過程中，我腦海裏響起一些消極的聲音：恐怕被同事取笑自己當不成社工，要走回頭路，很失敗；亦擔心與同事的合作會惹來很多是非；再與率直認真的上司合作，也是一項挑戰。我被過往的經驗影響，成為做決定時的心理障礙。在取捨之間，我學習祈求上帝，給我力量去放下自己，面對困難。

從哪裏來？往哪裏去？

在回顧及前瞻的日子，我想起了《聖經》中一段事蹟。故事發生在撒萊的使女夏甲身上，夏甲由於被主母撒萊苦待，於是出走。這是夏甲第一次離開蔭庇她的地方，似乎她也不知往哪裏去。當她逃到曠野，與上帝的使者相遇，使者問她：「你從哪裏來？要往哪裏去？」夏甲只回答說：「我從主母撒萊面前逃出來。」

這段對話觸動了我。可憐的夏甲，沒有權力主宰自己的命運，只能以逃跑去擺脫主人對她命運的操控和苦待。回憶當年，感到自己在家沒有位置，很想擺脫脾氣暴躁的父親的管束，心懷怨忿的我只想找尋自己的路，我選擇離開父母。離開家庭，我也曾感到如迷失曠野。「你從哪裏來？」引導我思索造成今天的我背後的環境因素；「你往哪裏去？」則啟發我去面對成長中曾受的傷害，學習去分辨及脫離過去家庭及各樣際遇遺留給我的負面影響，重新做一個自由的人。

夏甲因為小看主母，結果被苦待；在我的成長過程中，我也曾因父親種種的表現如酗酒、脾氣暴躁、短視、粗聲粗氣、體罰而輕看他，雙方的關係變得緊張。自從我離家至今，為要完成內心久被壓抑的慾望與執著，諸如讀書及轉職，我從一個環境跳進另一個環境。雖曾為自己的抉擇感到後悔和難過，但一直以來我仍感受到上帝是看顧人的；在迷失方向時，祂總會帶我走回正路，給我開一條出路。

成長契機分析

契機一：講故事與成長

講述自己的故事是成長的契機，她在文首就總結了自己在書寫的過程中，如何透過説故事，自我得以整合，增進對自我的了解。

契機二：清理未了結的帳

她有不少未完結的事不時煩擾她，這也是她成長的主題所在。有些事在後來已得到相當程度的解決，如父女的情意結和自卑感等，這是她努力的成果；但對異性的卻步和猶豫，仍然是她需要接受和繼續掙扎的。

契機三：人生階段的掌握

對她來説，因為提早進入複雜的成人世界，在掌握工作與讀書方面相當困難。在起跌之間，她從挫敗中爬起來，對工作和人際關係這些發展任務，慢慢多了掌握，特別是情緒控制上，有很大進步。

契機四：過渡期與成長

她經歷了不同的過渡期：從全時間工作到半工讀；三十歲時搬離父家，學習獨立等。這些過渡期雖將她拋進一個曠野階段，卻成為她克服自卑、學習獨立的契機。

契機五：踏出安舒區

她是一個相當有勇氣的女孩，不少成長的突破都源於她踏出自己安舒區的勇氣。轉工、離家獨住、到英國探朋友等，都是她自我挑戰的例子。踏出了，她就開展另一個成長的天空。

契機六：閱讀、生活體驗與成長

閱讀開啟了她信仰與成長的天空；另外，她到英國旅遊也給她開闊視野的機會。

契機七：從無條件的接納到自我接納

她童年和初進入工作世界，有不少被人拒絕和不被接納的經驗，這是她成長的障礙。幸好，也有不少「天使」來訪，給她鼓勵和接納，例如一些基督徒朋友，嚴肅又開朗的女校長和一些導師等。這都是她從被接納到自我接納的橋樑。

契機八：從羣體中區分出來

她有不少自我區分出來的機會，例如她知道自己性格不適合在商界工作，便投身社會服務。她與一些比自己不幸的人相處，幫助她透過自我區分，發現「自己已經很幸運」，有助超脫不少對生命的苦澀感。但最大的自我區分，來自她自己的家庭，她不想重走母親的路；對父親的抗拒和反叛，也是她自我區分的一個痛苦歷程。

契機九：認識多方面的我

她在這些年間，從一個自卑、退縮的狀態，到擴展了自己不少方面的「自我」，這包括在不同行業上的探索；她成為自己情緒的觀察和開導者；更重要的是她仍然敢於夢想，發掘「可能的我」。敢於夢想的人，充滿自我突破和發展的可能性。

契機十：整合兩極的我

她也能察覺到自己的陰暗面，例如：不甘向人求助、緊張和憂慮，都是她不想承認和接納的一部分。她學習放下強者的面具、接納自己的脆弱。緊張和憂慮是她要與之共舞的夥伴，也是她需要學習接納自己的地方。

契機十一：負面思想的校正

她在成長過程中留下不少對自己的負面思想，例如：「相信自己不是讀書的材料，常因功課趕不上、成績不及格遭父親責罰，被他罵我蠢。」文中雖然沒有清楚分析她如何克服這些負面思想，但從她不斷努力進修，最終取得社工的文憑，相信她已跨越了自己負面思想的枷鎖。她跟思想交手的機會也不少，她這樣說：「不過，我仍不時與自己那不甘心的思想抗衡。放下執著倒是海闊天空。」我欣賞她能抵擋內心的消極聲音，讓思想有突破與釋放。

契機十二：情緒健康的流露

她在文中，十分真誠和勇敢地分享自己不同的感受。事實上，她自己也這樣說：「當我追憶這些經驗，與自己的感覺再次接觸時，感到很難過，不期然掉下眼淚。」是的，眼淚有洗滌心靈的作用，她再一次勇敢接觸自己的痛處，相信會帶來正面作用。

另外，她在文中也有提及羞恥感的問題，我在她身上看到羞恥感的正面作用：鼓勵她發憤圖強、不放棄自己。

契機十三：意志力的鍛煉

令我最欣賞的，還是她的意志力。她這樣自我評價道：「我想我的意志力算是很強，我恐怕訓練不足而被公司淘汰，於是堅持公餘時間繼續進修祕書課程。」她那份永不言敗、永不放棄的毅力，值得時下年輕人學效。她成長的環境和條件並不理想，但她的堅毅使她剛強的站起來。除了自己的意志力，我相信她的信仰、身邊的導師，都是她成長的助力。

後記

成長契機背後的你——成長的導師

手執完成了的稿，心裏十分暢快。書寫的時候，不期然想起自己的成長片段。回望青蔥歲月，那些成長契機的背後，實在有賴不少長輩和導師對我的愛心提攜。

還記得有一位導師，在中學時就開啟了我的思想和閱讀世界；甚至在我讀神學期間，每月供應我購買書籍的費用。

又有一位啟發我寫作的導師，她不斷與我通信，分享她的寫作心得及作品。她不但為我批閱文章，更鼓勵我發展這方面的興趣。

我也不能忘記修讀輔導的日子，有一位導師，同時是我的輔導員，細心聆聽我的故事，解開我對父親的心結。

也有一些「突破」的前輩，在我猶豫是否要到外地進修之際，給我鼓勵和支持，幫助我離開自己的安舒區，闖進陌生的美國。

若要繼續數下去，我可以把一張一張的原稿紙填滿。原來年輕人成長的動力，除了他們自己內心的渴求外，還來自身邊的導師。所以，當你明白這些成長契機之後，你也可以接上幫助年輕人成長的棒。

你願意聆聽年輕人的成長故事嗎？當你看到他們的過去，成了他們生命成長的難關時，你願意伸出援手嗎？當年輕人處身不同階段的過渡期，你願意陪伴他們度過嗎？你會協助他們掌握這階段的發展任務嗎？你會鼓勵他們告別上一階段，然後默默守望他們度過曠野期的日子嗎？

你願意介紹及提供一些「閱讀良品」給身邊的年輕人嗎？你會否鼓勵他們嘗試不同的生活體驗，甚至踏出自己的安舒區，勇敢向生活邁進？你願意給年輕人無條件的接納嗎？他們若要確立自我，要離開你的蔭庇而獨立，你是否有這樣的胸襟，看着自己一手培育的後輩不再依從你的意見，走自己的路？你是否有這樣的胸襟，祝福他們青出於藍？

當你看見年輕人多姿多彩的一面，你願意鼓勵他們發展多方面的自我嗎？對於那些裹足不前的，你會幫他們除去障礙嗎？一個人很難察覺自己的陰暗面，你願意提醒他們，甚至因着關心這些年輕人的緣故，向他們揭露你的陰暗面嗎？

當年輕人被負面情緒所困，你願意細心聆聽，協助他們分辨哪些是合宜處境下應有的情緒，並勇敢和正面地將它表達出來嗎？

當年輕人在思想上有扭曲，你願意挑戰他，客觀、理性地尋找思想上的謬誤，並幫助他以符合現實的角度去評估自己嗎？

甚或當他們失去生命的鬥志，想放棄自己，你願意不放棄他們，教他們鍛煉意志力，去跨過一個一個的障礙，不被物慾所困嗎？

你是培育年輕人成長的最重要資源；以上是我向你發出誠心的邀請。

本書的意念，萌芽於多年前。日常的行政和工作，一直都很繁忙，因為不想自己經常受困於「人在江湖，身不由己」的景況，所以我立定心志，有空便寫，將一個階段的成果整理下來。我放下自己「完美主義」的自我批評，在短短兩個月內寫成此書，當時感到十分滿意。現在有機會增訂本書，希望會比初版更好，思想更完整周密。

感謝身邊不少朋友、同工、輔導義工、講座參與者，他們為這本書提供有血有肉的故事；感謝曹熙雲先生為本書翻譯了一些材料；感謝初版編輯梁柏堅背後的支持和鼓勵（他更寫了一篇有關閱讀與成長的故事）。沒有他們的參與，本書不會這樣快就能夠完成。

當然，成長是累積的結果，我對成長的看法和心得，有賴不少輔導前輩的啟蒙和指導，包括詹維明女士、林孟平博士、譚秀薇女士、蔡元雲醫生、李兆康先生、曾立煌先生等，對於他們的幫助，在此深表感謝。

最後，身為一個基督徒輔導工作者，我深深體察到，真正叫人成長乃是上帝。使徒保羅的提醒常銘刻我心：

> 我栽種了，亞波羅澆灌了，惟有神叫他生長。可見栽種的算不得什麼，澆灌的也算不得什麼，只在那叫他生長的神。栽種的和澆灌的，都是一樣。但將來各人要照自己的工夫得自己的賞賜。因為我們是與神同工的；你們是神所耕種的田地，所建造的房屋。我照神所給我的恩，好像一個聰明的工頭，立好了根基，有別人在上面建造；只是各人要謹慎怎樣在上面建造。（《聖經．哥林多前書》3章6至10節）

能掌握本書的成長契機與竅門，就是一個「聰明的工頭」。在年輕人整個成長過程中，我們只是建造房屋隊工的一員。你願意加入這神聖工作的隊伍嗎？

個人成長參考書目

了解自我

吳靜吉著：《青年的四個大夢》，台北：遠流出版社，1985。
何李潔玲著：《先天、後天》，香港：突破出版社，1986。
詹維明著：《阿啦 OK》，香港：突破出版社，1990。
Bulter, Pamela 著，鄧文華譯：《自我對話的藝術》，台北：生命潛能文化事業有限公司，1993。
楊小雲著：《欣賞別人、肯定自己》，台北：健行文化，1994。
Kroeger & Thuesen 著，李佳俊譯：《16 種性格透視 Type Talk》，台北：方智出版社，1994。
葉萬壽著：《自我的再發現》，香港：突破出版社，1995。
Powell, John J. 著，崔菱譯：《為什麼我不敢告訴你我是誰》，香港：道聲出版社，1996。
Powell, John J. 著，陳永禹譯：《為什麼我不敢愛》，台北：道聲出版社，1996。
邱心著：《校園溝通事件簿》，香港：突破出版社，2003。
邱心著：《我爺爺的古怪老友 —— 動心閱讀之旅》，香港：突破出版社，2003。
梁永泰、鄭曉峰、葉陳慕靄著：《溝通無疆界》，香港：突破出版社，2003。
吳思源著：《從小學到大》，香港：突破出版社，2004。
余非著：《幸福到 100 分》，香港：突破出版社，2005。
董啟章著：《第一千零二夜 —— 說故事的故事》，香港：突破出版社，2005。
Cloud, Henry & Townsend, John (1992). *Boundaries.* Singapore: Methodist Book Room Pte. Ltd.
Corey, G., & Corey, M.S.(1997). *I Never Knew I Had a Choice: Explorations in Personal Growth* (6th ed.). Pacific Grove, CA: Wadsworth.
Jean K., Nancy B., & Linda K.(1997). *Work Types.* N. Y.: Grand Central Publishing.
Long, Barry (1983). *Knowing Yourself.* Glen Ellym, Ill: Scripture Press.
McDowell, Josh (1985). *His Image, My Image.* London: Warner.
Sheehy, G. (1976). *Passages: Predictable Crises of Adult Life.* Toronto: Bantam Books.
Tournier, Paul (1963). *The Strong and the Weak.* Philadelpha: Westminister.
Tournier, Paul (1964). *The Whole Person in a Broken World.* San Francisco: Harper & Row.
Tournier, Paul (1968). *A Place for You.* England: Highland Books.
Tournier, Paul (1979). *The Gift of Feelings.* Atlanta: John Know Press.

創傷與醫治

Seamands, David A. 著，朱麗文譯：《不再幼稚》，香港：天道書樓，1991。
Bradshaw, John 著，鄭玉英、趙家玉譯：《家庭會傷人：自我重新的新契機》（新版），台北：張老師文化事業股份有限公司，1993。
霍玉蓮等著：《饒恕果真如此輕易》，香港：突破出版社，2013。
Smedes, Lewis B. 著，黃美姝譯：《寬恕與忘卻》（第二版），台北：洪健全基金會，1996。
Missildine, W. H. 著，彭海陽、彭海燕譯：《探索你內心的往日幼童》，台北：雅歌出版社，1996。
霍玉蓮著：《婚姻與家庭治療：理論與實務藍圖》，香港：突破出版社，2004。
黃麗彰著：《情緒傷害的醫治》，香港：突破出版社，2007。
Bradshaw, John (1988). *Healing the Shame that Binds You.* Florida: HCI.
Brand, Paul, & Yancey, Philip (1988). *Pain: The Gift Nobody Wants.* Florida: Harpercollins Publishers.
Nouwen, Herni J. M.(1994). *The Return of the Prodigal Son.* N. Y.: Image Books.
Nouwen, Herni J. M.(1999). *Life of the Beloved.* N.Y.: Crossroad.
Real, T.(1997). *I Don't Want to Talk about It: Overcoming the Secret Legacy of Male Depression.* N. Y.: Simon & Schuster.
Seamands, David A.(1985). *Healing of Memories.* U.S.A.: Scripture Press.
Seamands, David A.(1985). *Healing for Damaged Emotions.* U.S.A.: Scripture Press.
Wright, H. Norman (1985). *Making Peace with Your Past.* U.S.A.: Spire.

人在家庭

吳就君著：《人在家庭》，台北：張老師文化事業股份有限公司，1985。
葉萬壽著：《自我形象與兩代之間》，香港：突破出版社，1986。
羅乃萱、曹綺麗編：《媽咪趣卜Book》，香港：突破出版社，1991。
蔡元雲著：《從未遇上的父親》，香港：突破出版社，1991。
區祥江著：《母子情、母子結》，香港：突破出版社，1992。
Satir, Virginia 著、吳就君譯：《家庭如何塑造人》，台北：張老師文化事業股份有限公司，1994。
李維榕著：《家庭舞蹈》，香港：壹出版，1995。
詹維明、何曾潔雯著：《母女情意結》（人生對談錄音帶），香港：突破出版社，1995。
李維榕著：《家庭舞蹈（2）》，香港：壹出版，1996。
李維榕著：《家庭舞蹈（3）》，香港：壹出版，1998。
區祥江著：《因子之名——父親培育男孩的挑戰》，香港：突破出版社，2004。
Bradshaw, John 著，鄭玉英、趙家玉譯：《家庭會傷人——自我重生的新契機》（新版），台北：張老師文化事業股份有限公司，2006。
列小慧著：《敘事從家庭開始——敘事治療的實踐歷程》，香港：突破出版社，2009。
Apple, Max (1994). Roommates: My Grandfather's Story. U.S.A.: Time Warner.
Baker, Rushell (1982). Growing Up. N.Y.: Signet.
Hedges, Peter (1991). *What's Eating Gilbert Grape.* N.Y.: Pocker Books, Inc.
Lerner, Harriet G.(1989). *The Dance of Anger.* N.Y.: Harper Collins.
Osherson, Samuel.(1986). *Finding our Fathers: The Unfinished Business of Manhood.* (2nd ed)N.Y.: The Free Press / Fawcett.
Tan, Amy (1989). *The Joy Luck Club.* N.Y.: Ivy Books.

兩性之間

劉式湄等著：《人際關係的藝術》，香港：突破出版社，1984。
Augsburger, David 著，郭乃文等譯：《愛的溝通：聆聽與表達的藝術》，香港：證道出版社，1985。
小沿等著：《溝通的藝術——人際關係外篇》，香港：突破出版社，1985。
何潔貞等著：《男女有別》，香港：突破出版社，1989。
劉惠琴著：《從心理學看女人》，台北：張老師文化事業股份有限公司，1991。
晏涵文編：《做個剛柔並濟的人》，台北：張老師文化事業股份有限公司，1991。
Gray, John 著，蘇晴譯：《男女大不同》，台北：生命潛能文化事業有限公司，1994。
蔡元雲、區祥江著：《男人的面具》，香港：突破出版社，1995。
區祥江著：《走自己的路——男性成長之旅》，香港：突破出版社，1996。
文潔華著：《誰說女人都是一樣》，香港：突破出版社，1997。
蔡元雲、區祥江著：《男女不同話溝通》（CD），香港：突破出版社，1997。
L.Carol 等著，錢文譯：《跨越兩性世界的橋樑》，香港：突破出版社，2001。
顧若菡著：《真性的風采》，香港：突破出版社，2001。
林欣欣、林武俊著：《解放男女》，香港：突破出版社，2003。
溫淑芳、區祥江著：《戀愛連續劇——E世代男女和處方》，香港：突破出版社，2003。
周淑屏、何力高、羅乃萱、區祥江著：《左女右男——反轉兩性觀點》，香港：突破出版社，2003。
Biddulph, Steve (1997). *Raising Boys.* Sydney: Finch Publishing.
Bly, Robert (1990). *Iron John: A Book About Men.* Dorset: Addison-Wesley.
Doyle, J. (1994). *The Male Experience.* (3rd ed.). Dubugue, IA: W. C. Brown.
Gilligan, C. (1982). *In a Different Voice: Psychological Theory and Women's Development.* Cambridge, MA: Harvard University Press.
Kindlon, Dan, & Thompson, Michael(1999). *Raising Cain: Protecting the Emotional Life of Boys.* N. Y.: Ballantine.
Kilgore, James (1975). *Being a Man in a Woman's World.* Montreal: Harvest House.
Kilgore, James (1984). *The Intimate Man.* Nashville, TN: Abingdon Press.
Levant, R. F., & Pollack, W. S. (Eds.).(1995). *A New Psychology of Men.* N. Y.: Basic Books.
Sherod M., Elam N., & Daniel W. (1975). *Alive & Aware.* U.S.A.: Interpersonal Communication Programs, Inc.

情緒與智商

Backus, William & Chapian, Marie 合著，吳李金麗譯：《正本清源話情緒》，台北：大光傳播有限公司，1983。
MacDonald, Gordon 著：《心意更新：如何調整內心生活》，香港：證道出版社，1989。
蘇劉君玉著：《處理情緒》，香港：學生福音團契，1993。
關袁添著：《壓力鬆一鬆》，香港：突破出版社，1994。
蘇劉君玉著：《處理壓力》，香港：學生福音團契，1996。
Hart, Archibald D. 著，曾彩霞譯：《解開情緒之謎》，香港：浸信會出版社，1996。
McKay, Gary D. & Dinkmeyer, Don C. 著，賴惠章譯：《做情緒的主人》，台北：雅音出版有限公司，1996。
梁若芊著：《跳出思想框框：現代健康心理》，香港：零至壹出版有限公司，1996。
Stoltz, Paul Gordon 著，莊安祺譯：《AQ：逆境商數》，台北：時報出版，1997。
Goleman, Daniel 著，張美惠譯，《EQ》，台北：時報出版，1997。
區祥江、李兆康著：《情緒有益》，香港：突破出版社，2015。
曾立煌、區祥江著：《會哭才是真男人》，香港：突破出版社，2016。
湯國鈞等著：《誰偷走了我的快樂——應對負面情緒自助手冊》，香港：突破出版社，2017。
區祥江著：《強心健靈》，香港：天道書樓有限公司，2005。
鄧焯榮著：《跨越困境——身心醒覺的內在力量》，香港：突破出版社，2007。
湯國鈞等著：《抑鬱自療》，香港：突破出版社，2008。
McMinn, Mark R. (1996). *Making the Best of Stress.* Downers Grove, Ill: U.S.A.: InterVarsity Press.
Wright, H.N., & Oliver, G.J. (2005). *A Woman's Forbidden Emotion.* Ventura, Cal.: Reqal.

工作天地

潘啟迪、馮錦江、管仲連著：《初出茅廬》，香港：突破出版社，1994。
潘啟迪、翁信固著：《快活工作人》，香港：突破出版社，1997。
陳美珠著：《哪怕入錯行》，香港：突破出版社，2003。
關秀娟著：《社交不恐懼》，香港：突破出版社，2005。
關秀娟著：《上班不恐懼》，香港：突破出版社，2006。
區祥江著：《我做工？工造我！——工作與自我的雙向旅程》，香港：突破出版社，2009。
Autry, James A. (1994). *Life & Work.* N.Y.: Avon Books.
DesRoches, Brian (1995). *Your Boss is not Your Mother.* U.S.A.: Avon Books.
Edelmann, Robert J. (1993). *Interpersonal Conflicts at Work.* Leicester: BPS Books.
Kanchier, Carole (1995). *Dare to Change Your Job & Your Life.* Indianapolis, IN: Jist Works, Inc.

助人成長技巧

Corey, Gerald 著，李茂興譯：《諮商與心理治療》，台北：揚智文化事業股份有限公司，1996。
林孟平著：《輔導與心理治療》（九版），香港：商務印書館，1998。
黃惠惠著：《助人歷程與技巧》，台北：張老師文化事業股份有限公司，1998。
Egan, Gerard 著，曾瑞真校訂：《助人歷程與技巧：有效能的助人者》，台北：雙葉書廊，2004。
區祥江著：《輔導迷室》，香港：突破出版社，2005。
鄧淑英、麥淑華著：《成長體驗 Debriefing》（增訂版），香港：突破出版社，2015。
區祥江著：《生命軌迹——13 個助人自助的成長關鍵》（增訂版），香港：突破出版社，2008。
Corey, M. S., & Corey, G. (1989). *Becoming a Helper.* Monterey, CA: Brooks / Cole Publishing.
Egan, Gerard (2001). *The Skilled Helper* (7th Edition). Monterey, CA: Brooks / Cole Publishing.
Yalom, Irvin D. (2002). *The Gift of Therapy.* N. Y.: HarperCollins.